国家中等职业教育改革发展示范性院校

素质拓展与生存防护

SUZHI TUOZHAN
YU SHENGCUN FANGHU

主编　李文志

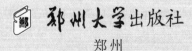 郑州大学出版社

郑州

图书在版编目(CIP)数据

素质拓展与生存防护/李文志主编. —郑州:郑州
大学出版社,2014.7
国家中等职业教育改革发展示范性院校校本教材
ISBN 978-7-5645-1888-2

Ⅰ.①素… Ⅱ.①李… Ⅲ.①国防教育-中等专业学
校-教材 Ⅳ.①G711

中国版本图书馆 CIP 数据核字 (2014) 第 120706 号

郑州大学出版社出版发行
郑州市大学路 40 号　　　　　　　邮政编码:450052
出版人:王　锋　　　　　　　　　发行电话:0371-66966070
全国新华书店经销
郑州市诚丰印刷有限公司印制
开本:787 mm×1 092 mm　1/16
印张:7
字数:165 千字
版次:2014 年 7 月第 1 版　　　　　印次:2014 年 7 月第 1 次印刷

书号:ISBN 978-7-5645-1888-2　　　定价:19.00 元
本书如有印装质量问题,由本社负责调换

作者名单

主　编　李文志

副主编　余　君　史前进　朱　强

编　委　（以姓氏笔画为序）

王战峰　王熙军　史前进

朱　强　李文志　余　君

前言

　　素质拓展与生存防护是广大青少年学生提升素质和掌握生存技能的一个重要途径。《素质拓展与生存防护》一书，对学生强健体魄、磨炼意志、不断提高身体素质和生存质量具有积极意义。

　　本书由全国少年军校总校活动基地、郑州市少年军校、郑州市国防科技学校军事教研室组织编写。全书共分六个部分，涵盖素质拓展、体育游戏、野外生存、火灾逃生及自救、地震基础知识及救护、核生化武器防护等内容。教材内容丰富，语言简练，易学易懂，简单实用，针对性强，趣味性强，不但适用于在校学生，而且适合企业员工阅读。

　　本书由李文志担任主编，余君、史前进、朱强任副主编，王战峰、王熙军等参与了编写。

　　由于编者水平有限，书中难免有不足之处，诚请读者提出宝贵意见，以便改进提高。

编者
2014 年 6 月

第一章　素质拓展

第一节　概述

拓展是围绕领导艺术、团队建设等进行的一种个人素质提高的训练方式。拓展培训,起源于第二次世界大战(以下简称二战)期间的英国。当时大西洋商务船队屡遭德国人袭击,许多缺乏海上生活经验的年轻海员葬身海底。针对这种情况,汉思等人创办了"阿伯德威海上学校",训练年轻海员在海上的生存能力和船触礁后的生存技巧,使他们的身体和意志都得到锻炼。"二战"结束后,许多人认为这种训练仍然可以保留。于是拓展训练的独特创意和训练方式逐渐被推广开来,训练对象也由最初的海员扩大到军人、学生、工商业人员等各类群体。训练目标也由单纯的体能、生存训练扩展到心理训练、人格训练和管理训练等。

"二战"结束以后,拓展训练也从最早的军事生存训练演变为社会和经济领域服务的一种人本训练。今天,拓展培训围绕着领导艺术、团队建设等现代管理的中心问题,结合企业的发展需要与参训者的人格特征,通过全方位的素质培训,一方面使参训者重新认识自我,重新定位自我,实现自我超越;另一方面,提高参训者对团队的忠诚度,以全新的方式凝聚团队的向心力。

一、拓展培训的意义

拓展培训糅合了高挑战及低挑战的元素,学员和团队都可透过危机感、领导、沟通、面对逆境和辅导的培训而得到提升。拓展培训强调学员去感受学习,而不仅仅在课堂上听讲。研究资料表明,传统课堂式学习的吸收程度大约为25%,而要求学员参与实际操作的体验式学习的吸收程度高达75%,能更加有效地将知识传授给学员。拓展培训是一种典型的户外体验式培训。

拓展培训有一定的趣味性,易于被学员接受。但拓展培训的最终目的是让学员将培训活动中所学到的知识技能应用到工作中去。拓展培训需要专业培训师的指导,如果缺乏专业培训师的指导,很难达到理想的效果。

通过拓展训练,参训者在如下方面可以有显著的提高:认识自身潜能,增强自信心,改善自身形象;克服心理惰性,战胜困难的毅力;启发想象力与创造力,解决问题的能力;

认识群体的作用,增强对集体的参与意识与责任心;改善人际关系,学会关心,更为融洽地与群体合作;学习欣赏、关注和爱护大自然。

二、拓展培训的特点

(一)综合活动性

拓展训练的所有项目都以体能活动为引导,引发出认知活动、情感活动、意志活动和交往活动,有明确的操作过程,要求学员全身心地投入。

(二)挑战极限

拓展训练的项目都具有一定的难度,表现在心理考验上,需要学员向自己的能力极限挑战,跨越极限。

(三)集体中的个性

拓展训练实行分组活动,强调集体合作;力图使每一名学员竭尽全力为集体争取荣誉,同时从集体中吸取巨大的力量和信心,在集体中展示个性。

(四)高峰体验

在克服困难,顺利完成课程要求以后,学员能够体会到发自内心的胜利感和自豪感,获得人生难得的高峰体验。

(五)自我教育

教员只是在课前将课程的内容、目的、要求以及必要的安全注意事项向学员讲清楚,活动中一般不进行讲述,也不参与讨论,充分尊重学员的主体地位和主观能动性。

三、拓展培训实施的步骤

拓展训练通常有以下四个环节。

(一)团队热身

在培训开始时,团队热身活动将有助于加深学员之间的相互了解,消除紧张情绪,以便轻松愉悦地投入各项培训活动中去。

(二)个人项目

本着心理挑战最大、体能冒险适当的原则设计,每项活动对受训者的心理承受力和体力都是一次极大的考验。

(三)团队项目

团队项目以改善受训者的合作意识和受训集体的团队精神为目标,通过复杂而艰巨的活动项目,促进学员之间的相互信任、理解、默契和配合。

(四)回顾总结

回顾将帮助学员消化、整理、提升训练中的体验,以便达到活动的具体目的;总结能使学员将培训的收获迁移到工作中去,以实现整体培训目标。

四、户外拓展的核心价值

(一)探索

取得具有挑战性的学习经验,并在尊重个人意愿的原则之下,透过对未知的探索,激发身体与心灵的潜能,同时追求主体任务与冒险探索的平衡。

(二)学习

将学习视为团队的源头活水,所有成员能够在信息交流零阻力的环境当中,充分交换意见和想法,共同体验成长的滋味。

(三)品质

以所从事的职业为荣,在不停追问和探求的过程中,寻求善意的批评,包容彼此的差异,不断精益求精。

(四)超越

通过个人和团队的努力和协作,实现团队价值和个人价值的超越。

(五)整合

按逻辑的程序,从经历中总结出原则或归纳提取出精华;并用某种方式去整合,以帮助参加者进一步定义和认清体验中得出的结论。

(六)双赢

在发展事业与提升人员素质的过程中,了解两者缺一不可的关键,并努力达成两方面均衡成长的目标。

第二节　拓展项目

一、"旗人旗事"

人类区别于动物的主要标志是具有社会性。"旗人旗事"这个游戏就是让学员体会团队文化对他们自身的重要性,增强学员的团队归属感和凝聚力。

游戏规则与程序

(1)培训者将学员分成 10 ~ 12 人一组,发给每组一面彩旗、一根旗杆和一盒彩笔。

(2)每组用 30 分钟制定小组的口号、队名、队歌和标志。

(3)相关讨论。你们组为什么以这种形式为建立团队的第一步？如果不是这一步,还可以是什么？

二、我们是一家

游戏规则与程序

(1)将全部人员分为几组,分别为 A1、A2、B1、B2、C1、C2。每组 3 ~ 4 位成员。

（2）先在组内进行学员间的自我介绍，要求是姓名、单位、职位和爱好等。然后推举一位小组成员代表小组进行介绍。要求将组内每一位学员的情况介绍完整，还可以加上自己的评价（大家可以提问）。

（3）当 A1 小组介绍完，B1、C1 小组代表要对 A1 小组的发言做一句话的评价（只可以是正面的：如 A1 小组成员很年轻，非常有朝气；或者 A1 小组成员看来经验很丰富；或者 A1 小组成员都是女孩子，都很漂亮）。当 A2 小组介绍完，B2、C2 小组代表要对 A2 小组的发言做一句话的评价。以此类推，直到所有小组介绍完毕。

（4）每组介绍小组成员的代表和发表评价的代表不能是同一个人，每组时间不超过 2 分钟。

分享

（1）你是否容易记住别人？如果是的话，用什么方法？
（2）自我介绍和介绍别人，哪一种方法更容易令你印象深刻？
（3）你是否善于寻找其他成员的共同点？

三、敢于说"我错了"

游戏规则与程序

学员在比较空的场地围成一圈。培训师喊"一"的时候，举左手；喊"二"的时候，举右手；喊"三"的时候，抬左脚；喊"四"的时候，抬右脚；喊"五"的时候，不动。

当有人出错时，出错的人要走出来站在大家面前先鞠一躬，举起右手高声说："对不起，我错了！"

在团队协作的过程中，难免出错，如不能及时改正，将会影响整个团队目标的实现。每个人都会犯错误，然而在面对错误时，大多数情况是没人承认自己犯了错误，少数情况是有人认为自己错了，但没有勇气承认，因为很难克服心理障碍，极少数情况是有人站出来承认自己错了。这个游戏从一种简单的认错行为中，让参加的学员感受到勇于承认错误的重要性。

分享

（1）你在平时是否有敢于承认错误的勇气？
（2）敢于承认错误对团队协作有什么影响？

四、数字传递

游戏规则与程序

（1）将学员分成若干组，每组学员若干名，并选派一名组员出来担任监督员。
（2）所有参赛的组员排好纵列，队列的最后一人到培训师处，培训师向全体参赛学员和监督员宣布规则。

（3）游戏规则如下：

1）各队代表到讲台上，培训师说，我将给你们看一个数字，你们必须把这个数字通过肢体语言让全部的队员都知道，并且让小组的第一个队员将这个数字写到讲台前的白纸上，看哪个队速度最快、最准。全过程不允许说话，后面一个队员只能通过肢体语言向前一个队员进行表达，通过这样的方式层层传递，直到第一个队员将这个数字写在白纸上。

2）比赛进行三局（数字分别是 0，900，0.01），每局休息 1 分 15 秒。

第一局胜，积 5 分。

第二局胜，积 8 分。

第三局胜，积 10 分。

分享

（1）计划、实施、检查、改善行动四个步骤在这个游戏中如何得到体现？

（2）四个步骤中，哪个步骤更为重要？

五、"人山人海"

两支笔支撑就是一个"人"字，人与人互相支持，才称之为人，所以团体间的互相帮助是非常重要的。这个小游戏就可以帮助我们增进彼此之间的友谊和互助精神。

游戏规则与程序

（1）让两个学员背靠背坐在地上，然后两人双手相互交叉，合力使双方一同起立。

（2）以此类推，可以多人一起参加这个游戏，最后达到全体学员一起游戏、一起起立的效果，称之为"人山人海"。

分享

（1）你能仅靠一个人的力量就完成起立的动作吗？

（2）如果游戏的学员各方能够保持动作的一致性，是不是完成动作就容易得多了？为什么？

六、信任背摔

这是一个震动力很大的游戏，目的是挑战自我的安全区，建立对团队队员的信任，感受这种信任给你带来的个人突破。

游戏规则与程序

（1）这是一项带有危险性的活动，要有专业的拓展教练在场指挥才能进行。

（2）首先让全组人员站成面对面的两排。

（3）让准备做背摔的队员站在背摔台上，背向队友，双手绕在胸前，闭上眼睛。

（4）当专业教练确认团队队员都站好位置并做好接人准备时，再让站在背摔台上的队员从空中落下。

(5)这项活动对某些人来说难度很大,尽量用说服及鼓励的方法使他对伙伴产生信任,从而跨越心理障碍,完成空中飞人的任务,但千万不要勉强。

分享

(1)当站在背摔台上的时候,你心里的感觉如何?

(2)当跨越心理障碍完成了挑战之后,你的感觉如何?

(3)在这项活动中,你认为最关键的地方在哪里? 怎么样才能帮助队员跨越心理障碍,做到他认为自己不可能完成的事情。

七、"人椅"

所谓的团队就是要求团队中的每一个人都要尽力贡献自己的力量,不能偷懒、滥竽充数。本游戏可以充分体现这一点。

游戏规则与程序

(1)所有的学员都应该围成一圈,每位学员都将自己的手放在前面学员的肩上。

(2)听从训练者的指挥,然后每位学员都轻轻坐在他后面学员的大腿上。

(3)坐下之后,培训者可以再喊出相应的口号,例如"齐心协力,勇往直前"。

(4)可以以小组比赛的形式进行,看看哪个小组可以坚持更长的时间,获胜的小组可以要求失败的小组表演节目。

分享

(1)在这个游戏中,你的精神状态是否一直如一,还是会发生一些变化?

(2)如果学员产生懈怠心理的话,会对游戏的进行产生什么样的影响?

八、"有轨电车"

这是一个与两人三足类似的游戏,所不同的是游戏者的人数增加了,难度也增加了。如何才能更好地完成任务呢? 团队间的合作意识是必不可少的。

游戏规则与程序

(1)给每组准备两条长木板和一些绳子。

(2)每组的人各自站在两条长木板上,要求每个人的一只脚在一条木板上,另一只脚要在另外一条木板上,用绳子将他们的脚绑在上面。

要求

(1)各小组在规定的时间内到达目的地,其间不能离开木板。最早到达的组为获胜组。

(2)为了增加游戏的难度和趣味性,可以使其中部分人的身体朝向与其他人相反,可使活动更具有趣味性。

分享

（1）迅速前进需要具备什么样的条件？你是否能体会到欲速则不达的真正含义？

（2）个人单独前进与集体一起前进有什么区别？为什么个人单独前进反而速度更快？

九、勇过"电网"

在一个团队中,事先的计划和安排是非常重要的,每一件事情都应该是大家的事情,而不是单纯一个人的事情。本游戏就可以帮助大家充分地了解到这一点。

游戏规则与程序

（1）培训者应该事先挂好一根绳子,以代表监狱的电网,绳子的高度控制应该视人员的身高程度而定。在绳子的后面要铺一块棉垫,以防学员摔在地上。

（2）培训师公布给大家的任务,就是要组织一次胜利大逃亡。每个小组的成员都要从绳子的一边越到绳子的另一边,在此过程中只可以借助一根竹竿,但是不能触及电网。

（3）最后一名队员要将竹竿带走。

分享

（1）本游戏成功的关键在什么地方？

（2）你们组是如何完成这个任务的？

（3）是一上来就一个一个地跳,还是事先有所计划？

（4）游戏中,什么地方最能体现你们的团队合作精神？

十、解"手链"

此游戏可以让受训者了解解决问题的一般步骤,使学员体会聆听沟通的重要性,并深刻领会团队的合作精神。

游戏规则与程序

（1）让每个小组围成一圈。

（2）请大家按培训员的指示做动作:

1）举起你的左右手交叉放在胸前,握住身边那个人的左右手。

2）在不松手的情况下,把这张人网张开,成为每一个组员之间手拉手的圆圈。

3）请每组学员共同想办法使学员之间的手拉手形式变成正常情况下不交叉的方式,并且必须在不松手的情况下做到这一点。

分享

（1）开始时,你们是否觉得思路混乱？

（2）当解开一点后,你们的想法是否改变？

（3）最后问题得到了解决,你们是不是很开心?

（4）在这个过程中你们学到了什么?

十一、三只小猪

三只小猪盖房子的故事,指的是三只小猪互相合作建成了一个漂亮坚固的房子,并最终抵挡住了大灰狼的袭击。在本游戏中,每个队员将扮演一次小猪,看看自己拿绳子是否能建出满意的房子。

 游戏规则与程序

（1）培训者将学员分成 3 组,每组的人数为 5 人左右。

（2）发给第一组一条 20 米长的绳子,第二组一条 18 米长的绳子,第三组一条 12 米长的绳子。

（3）第一阶段:用眼罩把所有人的眼睛蒙上,然后规定第一组围成一个正方形,第二组围成一个三角形,第三组围成一个圆形。

（4）第二阶段:让大家联合起来用绳子建一个绳子房子,房子的形状要由上述三个图形组成,并且一定要看上去比较漂亮。

 分享

（1）对第一阶段的任务和第二阶段的任务进行比较,哪一个任务较易完成,为什么?

（2）在完成第二个阶段的任务的时候,大家会遇到什么困难? 你们是如何解决的?

十二、三角形变正方形

 游戏规则与程序

（1）将如图 1-1 所示三角形纸板分发给每个学员或每个小组。

（2）只能纵向剪两刀,将这个图形变成正方形,而且原先的每部分必须得到利用。

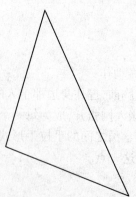

图 1-1　三角形纸板

分享

（1）是什么原因阻碍了你迅速解决这个问题？

（2）又是什么原因帮助你解决了这个问题？

（3）从这个测试中你是否学到一些对工作或生活有用的东西呢？

（4）这个测试提示我们的思考方法可以应用在哪里？

启示

（1）这个游戏的关键之处在于如何利用三角形来创造正方形，而不是单纯地从正方形的角度出发。

（2）在很多时候，我们总是局限于条条框框中，苦恼于找不到解决的方法，其实只要跳出局限，就海阔天空了。

十三、最多的？最好的？最了不起的

游戏规则与程序

（1）每次课都准备一个引起别人兴趣的问题，请每个人如实回答这个问题。为了节省时间，要求每个人的回答不多于25个字。

下面是问题：

你最大的成就是什么？

你生命中最高兴的一天是怎样的？

你所拥有的东西中，你最珍惜的是什么？

你感受到最大的乐趣是什么？

你梦想假期是怎样的？

你读过的最好的书是什么？

你最钦佩的人是谁？

如果在你的T恤上写句话，你想要写什么？

（2）这个游戏的目的是要大家在轻松的环境中公开个人信息，以便相互增进了解。

分享

（1）你是否愿意公开个人的想法、梦想、价值观和工作上的成就等？

（2）这么做的积极后果是什么？

（3）你对游戏的这种做法有何担心？

（4）通过这个游戏，你们建立了什么样的准则？为什么以前没有这个准则？

十四、"人浪"

游戏规则与程序

（1）全体学员手握缆绳围成一圈，面向圆心，同时向后靠，形成一个巨大的人圈。

（2）教员发出指令：

1）某个方向的人向下蹲，另外三个方向的人感觉中间力量的变化。

2）按顺时针方向逐一向下蹲，完成"人浪"的动作。

 分享

（1）在别人向下蹲时，你感觉有什么变化，你会有什么直接反应？

（2）你们这个团队是怎样达成相互配合效果的？

十五、传球

游戏规则与程序

（1）分成 4～5 个小组，所有小组围成一个大圆圈，一个组的队员必须在一起，不能错开。

（2）然后将一个小球交给第一组第一名组员，要求小球必须传过每一个人，不能落地，并规定在 30 秒的时间内必须传完 5 圈。

（3）当规定时间到了时，若没有完成 5 圈，则小球在哪组队员手中哪组全体就受罚（做俯卧撑等）。

（4）游戏进行第二轮。

注意事项

（1）游戏开始后，在第一轮他们发现要在这么短的时间传 5 圈是不可能的。

（2）在第二轮中，有的组可能故意放慢节奏"陷害"其他组。这时候讲师要引导，反复几轮后，最后他们发现，"陷害"其他组并不可取；唯一能做的，就是共同努力创造纪录，比如大家把手伸出形成平面，让球在上面滚过去。

（3）组员可能因受罚而产生情绪，认为不公平，所以每轮从不同的起点开始前要打好"预防针"。

十六、生肖分组

游戏规则与程序

（1）培训师向学员发出指令：全体人员以自己所属的生肖来进行同类组合。

（2）当学员以生肖同类组合后，培训师可以让学员根据所指示的相关动物进行小组合并（例如"龙马精神"即龙组与马组进行小组合并）。

分享

（1）以生肖分组的意义何在？

（2）如何令自己的身体语言更好地传达给相应的人？

十七、迎接挑战

游戏规则与程序

(1)分组。不限几组,但每组必须5人或15人。

(2)发给每组一张纸和一支笔。5分钟内每组要写出几种不同的挑战项目。

(3)这些项目必须是自己能完成的项目。可以是关于体能上的项目,如造出个"金字塔"、有一个人可以抬起另外5个人或是其他,你们这组有最多在同一月生日的人,其他组可以唱出任何电视剧歌曲等。

(4)这些项目不能有一看就知道别组没法完成的项目,如你们这组有人的头发长度是全体人里最长的等。

(5)等到大家都写完后,每一组轮流先做出自己的挑战项目,然后再要求其他的组试着在一定时间内做出。

十八、"破雷"行动

游戏规则与程序

(1)学员分成四个小组,选出组长。四组组员听组长的指挥,组长向培训师申领角色说明书。时间限定在15分钟。"破雷"的目标是解除所有的"雷患"。

(2)每组组员在规定的横线内,推选一名组员将距离横线1.5米处的"布雷区"(白报纸围成的方阵)中的"地雷"(鸡蛋)取回。在方阵与横线之间的空地可安排两名组员协助"破雷"。组员不可越线"破雷",身体的任何部分都不许触及范围以外的地面。"地雷"只可拾起不可拨动。被拨动"地雷"会爆炸,"地雷"将被没收,并罚一名组员下场。每次"破雷"成功,组员应继续努力争取"破雷"机会,"破雷"多者为胜。仔细记录每组的"破雷"成绩。

分享

(1)"破雷"成功的原因是什么?

(2)团队协作是如何进行的?

十九、"绳智"清醒

游戏规则与程序

(1)培训师告知全体参与人员他们将参加一个不寻常的问题解决游戏,在他们用布蒙眼前,解释一下整个游戏。

(2)让他们用布蒙住眼。告诉他们,他们面前有一个布袋,里面有一条绳子。

(3)他们的任务是把绳子拿出来,围成一个圆圈,每个人站在绳的外围,保持距离均等。

分享

怎样能够更轻松一些,让游戏结束得更快？难吗,为什么？很容易吗,为什么？

注意事项

对于合作好的小组,可以让他们无声地进行游戏；从小组中选定一个观察者,让他站在一边观察,以对本游戏有更深入的体会；有时间的话,可以再做一遍,看时间是否会缩短；可以让参与者组成任意的形状,例如三角形、正方形,甚至是一条直线等。

二十、坐地起身

游戏规则与程序

(1)四个人一组,围成一圈,背对背地坐在地上(坐的方式是屁股贴地,正常情况下一个人坐在地上,手不着物是无法站起来的)。

(2)四个人胳膊挎胳膊,然后要他们一同站起来,很容易吧？那么再试试多一些人,如六至七个人,应该还是不太难。最后再试试十四五个人一同站起来,那难度就会较高了。

二十一、众志成城

游戏规则与程序

(1)导师先将全班分成几组,每组约十人。

(2)导师分别在不同的角落(依组数而定)铺一张全开的报纸,请各组成员均进入报纸上,无论用任何方式都可以,只是不可以脚踏报纸之外。

(3)各组完成后,导师请各组将报纸折叠,再请各组成员进入报纸上。各组若有成员被挤出报纸外,则该组被淘汰,不得再进入下一回合。

(4)进行至淘汰到最后一组时结束(时间不要过长)。

分享

要取得团体或班级的成功或胜利,唯有通过合作才能众志成城。合作旨在为团体贡献一己之力,并取长补短,同心协力共同创造团体成功的机会。

解决问题时可借团体合作与思考达到目的,每个人在团体中都有一定的重要性。

二十二、与"虫子"斗一番

游戏规则与程序

(1)培训师给学员指令:小组要创造出一条"小虫",这条"小虫"要有4只手、11只脚在地上,而且全体组员必须连接在一起成为一个整体。

（2）培训师给学员 5 分钟时间商量,然后开始比赛。比赛时"小虫"必须从起始点爬到 5 米的地方,以"虫头"到达目的地为胜利。

（3）培训师可以用任何形式表示鼓励(小礼品、握手、拍肩)。

分享

（1）优胜组获胜的原因是什么?

（2）其他小组创作、思考的过程以及表现过程是怎样的?

（3）你们觉得还有更好的方案吗? 还可以做得更好吗? 如何做到?

（4）每个成员在行进中有什么感受?

二十三、奇数偶数

游戏规则与程序

（1）将全队人分成红、白两队。

（2）所有人围成一个圆圈,面向内侧坐下。

（3）依圆圈中央主持人的口令逐次报数。但是和普通报数不同,以"报奇数"或"报偶数"的方法进行。

（4）如果主持人说"报奇数",就是 1,3,5,7,主持人换成说"报偶数",就接着刚才的数字报 8,10,12……

（5）如果说错了,就被判出局,必须离开圆圈。

（6）玩到最后人越来越少,就可以结束游戏。

（7）由主持人计算人剩下较多的那一组获胜。

分享

（1）"奇数"和"偶数"对换时,你反应过来没有?

（2）如果你没有反应过来,答错了,大家哄堂大笑时,你的感受是怎样的?

二十四、16 个圆点

游戏规则与程序

请用 6 条直线一笔将如图 1-2 所示的 16 个小圆点连起来。

图 1-2　小圆点

二十五、少1元钱

 游戏规则与程序

三个人去投宿,服务生说要 30 元。每个人就各出了 10 元,凑成 30 元。后来老板说今天特价,只要 25 元,于是叫服务生把退的 5 元拿去还给他们。服务生想自己暗藏 2 元,于是就把剩下的 3 元还给他们。

那三个人每人拿回 1 元:10−1＝9

表示只出了 29 元投宿

9×3+服务生的 2 元＝29

那剩下的 1 元呢?

答案:在投宿费里。

第三节　学校开展拓展训练的重要性和必要性

当今时代是经济全球化的时代,它对人才素质提出了更高的要求,学校教育必须与时俱进,采用多元化的教育方式,以培养出符合时代要求的高素质人才。调查显示:团队精神、忠诚度、创新能力和沟通表达能力是跨国公司在选拔人才方面最看重的四项特质。因此,当代学生要想成为符合时代要求的人才,不仅需要专业的知识和技能,还要有良好的团队精神和创新能力,甚至在很多情况下这些无形的意志和精神会更重要。而拓展训练在提升人格、磨炼意志、增强责任感和团队精神等方面有着特殊的功效。如果能在体育课中开展拓展训练不仅可以丰富体育课的内容,拓展体育课的空间,增强体育课的实用性、趣味性,而且对学生增强体能,培养健康的心理,塑造顽强的意志,培养合作意识和团队精神,增强社会适应能力等方面都具有良好的作用。

一、拓展训练进入学校体育课的必要性

(一)符合现代社会需要高素质人才的要求

在现代社会,许多作为独生子女的学生,大多数自信心和克服困难的勇气不足,团队意识淡漠,加上社会竞争日益激烈,压力越来越大,学生心理障碍的比例有逐年上升的趋势,学校体育教学中的心理健康教育的重要性日益凸现,而拓展训练在学校体育教学中的应用,能使学生在应对挑战、解决问题的过程中,达到磨炼意志、陶冶情操、完善人格、锤炼团队的目的。这些良好的心理品质正是现代社会所需要人才的综合素质。

(二)有利于改变传统教育观念和方式

我国传统教育一个致命的弱点,就是在教学过程中没有有意识地将教学内容延伸到精神的层面,不太注重学生心理、社会适应能力等素质的全面协调发展,只重视对学生进行知识的传授,并将此当作教学的最终目的。虽然目前我国学校已进行了一定程度的改革和创新,特别是随着素质教育新理念的提出,选项体育课、俱乐部制体育课、保健体育

课等相继应运而生,取得了明显效果,但对学生各种能力的提高方面成效不太显著。拓展训练将体育课堂教学与课外体育活动有机结合起来,使学校与社会、大自然紧密联系,不仅突破了体育课程长期以来形成的一种封闭式格局,而且丰富和完善了我国学校体育课程体系,符合现代课程改革的发展趋势。

(三)对学生心理健康教育起着积极的促进作用

现代社会是一个竞争的社会,对人的心理素质提出了更高要求。如果没有健康良好的心理素质,不仅难以胜任挑战性极强的工作,而且自身具备的知识和能力也会因心理原因而无法充分施展。心理健康教育的目的在于提高学生的心理素质,培养学生坚忍不拔的意志品质,增强青少年适应社会的能力。心理素质是人才素质的基础,心理素质的提高将有利于人才素质的全面提高。拓展训练就像一个充满真诚并富有挑战性的心理实验场,在培养人的健康心理素质方面显示出特有的价值。训练时,在特定的环境和气氛中,学生要不断克服自己的心理恐惧,提高情绪,调节自我调控能力,保持平和心态,挑战自己、战胜自己,从而塑造冷静、果断、坚忍不拔的良好意志品质。比如断桥这个项目就是旨在培训学员心理抗干扰的能力,如果学员有一颗平常心,把高空这个干扰因素排除在脑海之外,就会轻而易举地完成这个项目。因此,拓展训练注重对心理素质的训练是对传统教育的一个重要补充。

(四)有助于培养学生创造性的思维和实践动手能力

当今社会,创新是知识经济的灵魂,创造力是衡量科技人才质量的重要标准。而培养学生的创造力和创新精神又是素质教育中的重点。激发想象潜能,培养学生的创造力是拓展训练的重中之重。例如"罐头鞋""扎筏""电网"等项目,都是为培养学生的创造性思维而设计的。活动中没有人教你怎么做,没有在书本上学到过这样的知识,要完成这些任务只能靠自己,发挥自己的想象力,挖掘自己的创造力和实践动手能力。在这种特定的环境中你会发现,自己的思维是那么具有创造性,想象力是那么丰富,动手能力是那么强。拓展训练给了自己一个激发自己创造性思维的空间,一个培养自己实践动手能力的场所。

(五)有利于培养学生团队协作精神,以及相互关爱、相互信任等优良品格

当代学生大部分是独生子女,从小家长的娇惯和纵容使很多孩子或多或少养成了一些任性、孤立、自私甚至没有爱心等不良习惯。通过参加拓展训练能让学生在参与中体会到团队协作的魅力。同伴间相互关爱和信任,对培养学生的优良品格具有重要意义。拓展训练能让团队中每一个队员在共同的目标下一起体验成功与失败,享受快乐的同时体会辛酸,这种特有的氛围使得每个学生都愿意敞开自己的心扉,建立起彼此间的相互信任、理解、关爱,懂得在帮助别人的同时也就是在帮助自己。

(六)有助于增强大学生的社会适应能力

现代学生处在多重压力的包围中,这常使他们表现出明显的不适应:学习上感到困惑、压抑;生活上娇气十足、自理能力差;人际关系方面常常感到孤独、寂寞;在挫折和困难面前,又表现出懦弱、退缩;在竞争激烈的社会中,常感到无所适从,难以适应。因此,在深化教育改革、大力提倡素质教育的今天,增强学生的社会适应能力是十分重要的。

二、拓展训练进入学校体育课堂的可行性

(一)拓展训练项目有极强的安全保障

拓展训练把安全保障作为培训第一重要责任,并时刻保持警觉,以专业的手段保证每一个细节的绝对安全可靠。在培训期间,安全保障是首要工作,所有户外活动均经过精心的设计与实验。各项户外活动的保护装备均使用一流的专业器材,活动由经验丰富的专业教员严格地依照安全程序监控活动的全过程。因此,将拓展训练引入课堂时,只要提前周密安排有关安全问题,组织合理,操作得当,及时消除安全隐患,杜绝不安全行为,控制不安全因素,一定能使项目顺利开展,并消除学生的思想顾虑。因此,在校园中开展拓展训练安全可以得到充分保证。

(二)所需场地、器材比较简单,训练方式灵活多变

拓展训练项目所需场地比较简单,方式灵活多变,有利于在校园开展。一个篮球场或是一块平坦的场地就可以进行训练,有些项目雨天也可以在室内进行。拓展训练所需的器材大致有绳子、眼罩、呼啦圈等。这些器材容易买到且便宜,有些可以自制。有些项目基本上不用器材,比如增强团队的凝聚力、增强大家相互信任的卧式传递项目,就不需要器材,并且同一个培训目标有多个项目可选择。例如信任背摔同样可以达到高空项目——断桥的培训效果。拓展训练所用器械与其他体育器械相比较,它简洁、紧凑、功能强大且安全、省场地空间、适应性强,便于在各种场地上快捷安装。同时,科学的组合也节省了器械使用材料,降低了成本,便于推广。在学校开展拓展训练,将大大节省体育器材的开支。

(三)项目的设计更具有知识性和趣味性

拓展训练看似游戏活动,其实是为实现某些预期的结果而设计的。目的是使学员在愉快的参与中学到书本上学不到的知识,感悟道理。同时,拓展训练又具有很好的趣味性,它能在短时间内吸引学生,激发学生参与的热情,让学生积极主动地参与到活动中去,使学生在游戏中享受快乐,在快乐中得到感悟,在感悟中得到知识。

第二章 体育游戏

体育游戏是指以体育活动为平台(载体)开展的游戏活动。体育游戏内容的选择,必须紧紧围绕游戏活动所要达到的目的;不但要考虑到学生的人数、年龄、性别、健康状况、训练水平和组织纪律性等特点,还要考虑到地区、季节和设备等客观条件。体育游戏将思想教育、精神文明建设很好地结合,可以促进学生德、智、体、美全面发展,做到寓教于乐。

为了保证体育游戏顺利进行,场地的设计一定要考虑到安全因素。因为在游戏的进行过程中,学生的兴奋度高,动作速度快,场地及其周围的物体都有可能成为造成伤害事故的直接或间接原因。为此,室外场地要平坦、坚实;室内场地要光线充足、通风、干净。游戏场地和周围的一定范围内,不能有危险物件,以防伤害事故的发生。地面的标志、界限要画得清楚分明,以便学生遵循和裁判评判。

第一节 发展力量的游戏

一、"握手"移桩

"握手"移桩游戏如图 2-1 所示。

图 2-1 "握手"移桩

目的

锻炼臂部和腰部的力量,培养智能。

 准备

将参加者分成人数相等的两个队,两人一组。

方法

"预备"时,两人面对面,前后分腿,前足相对,双手相互握好。"开始"后,双方根据自己的战术,用推、拉、拨、拧、闪、展等动作,迫使对方失去重心。

规则

(1)比赛时不许松手,只许用手发力。
(2)任何一脚移动,就算失败。
(3)规定时间内以胜利次数多的队为胜。

二、推"小车"

推"小车"游戏如图2-2所示。

图2-2   推"小车"

 目的

锻炼上肢和腰部的力量,培养团结协作精神。

准备

在平坦的场地上画两条相距 10 米的横线,将参加者分成两人一组。

方法

"预备"时,前面一人俯卧撑分腿作为"小车",后面一人站在前者两腿之间,两手握住前者的小腿。发令后,作为"小车"的人用两臂爬行前进至前面横线,然后两人互相交换角色返回起点,以先到达起点的组为胜。

规则

(1)发令后才能超越起跑线,推"小车"过前面横线后才能交换角色。

(2)如中途脱手、"小车"分散,应重新组合好,才能继续前进。

注意事项

(1)前后两人要密切配合,协调动作,安全地向前行进。

(2)开始不能追求速度,行进距离可以短一些,以后可逐步增加,游戏的形式也可相应改变。

(3)要事先清扫和检查场地,避免手掌受伤。

三、背人比快

背人比快游戏如图 2-3 所示。

图2-3　背人比快

目的

锻炼下肢力量耐力,培养坚韧的意志品质。

准备

在场地上画一条起(终)点线和一条折返线,以相距 10 米为宜。将参加者分成若干人数均等的队,各队两人一组。

方法

"预备"时,一人面对折返线,将后面的人背起,站在起(终)点线后。发令后,各组背人奔向折返线;当到达折返线后,被背者换成背人者,将同伴背回起(终)点。按跑回起(终)点线的先后排列名次。

规则

(1)要在各组准备好后再发令。
(2)一定要到达折返线后才能返回。

注意事项

(1)防止伤害事故的发生。
(2)男、女生分别进行。

四、"猴子"吊臂接力赛

"猴子"吊臂接力赛游戏如图 2-4 所示。

图 2-4 "猴子"吊臂

目的

锻炼上肢的静力性力量和负重奔跑能力,培养吃苦耐劳的精神。

准备

在场地上画两条相距 10 米的平行线,作为起跑线和折返线。将参加者分成人数相等并成"3"的倍数的队。

方法

"预备"时,各成三路纵队在起跑线后,每三个人结合成一个小组,每一组的三人并肩站在起跑线后,边上两人面朝前,中间一人如"猴子"状背朝前做下蹲姿势准备。发令开始,各队第一组边上两人用内侧臂挽住当中"猴子"的腋窝,提起"猴子"迅速向前跑;跑至折返线时放下"猴子"落地,同时三人向后转,按前面的方法将"猴子"提起跑回起点线。换第二组,依次进行,以最先跑回起点线的队为胜。

规则

(1)准备时不能超越起点线,必须超越折返线后才能转身跑回。
(2)在跑动过程中,"猴子"的双膝要提起,双足不能着地。
(3)途中散落应在原地重新提起后再继续向前跑。

注意事项

(1)游戏可进行三轮,让三人互相交换不同位置。
(2)每组三人的身高要相仿,以便于交换和竞赛。

五、"鸭子"赛跑

"鸭子"赛跑游戏如图 2-5 所示。

图 2-5 "鸭子"赛跑

目的

锻炼下肢和腰部速度力量,培养灵巧性和敏捷性。

准备

在场地上画两条相距10米的平行线为起点线和终点线。将参加者分成人数相等的两队,各队又分为甲、乙两组,各成纵队,相对站立在起点线后。

方法

发令后,各队甲组第一人模仿鸭子的姿势(屈膝下蹲、双手扶两脚踝关节)向前进,超过对面起点线,当甲组超过起点线时,乙组按同样的要求走至对面。依次进行,以先走完的队为胜。

规则

(1)游戏必须按规定的方法进行。

(2)当一方超过线后,另一方才能跑动。

注意事项

(1)要掌握鸭子走路的方法。

(2)可改变行进方式,如两手背后、双足连续跳跃的"兔子比快";也可以用双手撑地、膝关节不弯曲、左手左脚和右手右脚同时移动的"大象移行"等。

六、"五足"接力

"五足"接力游戏如图2-6所示。

图2-6 "五足"接力

目的

锻炼上肢的静力性力量和下肢速度力量,培养团结协作精神。

准备

画两条相距 15～20 米的起(终)点线和折返线。将参加者分成人数相等的若干队,再分成 3 人一组的若干组,组与组之间相隔 3 米。

方法

预备时,各组均成三路纵队在起(终)点线后站立。发令后,每组以左、右两人内侧手相拉,中间人以左膝挂在上面,两臂搭在两侧人肩上的姿势,跑到折返线后再返回。先到达终点的队为胜。

规则

(1)必须达到折返线后再返回。

(2)两侧人每脱手一次扣一分。

注意事项

做好踝关节准备活动,防止受伤。

七、拉车式抬人接力跑

拉车式抬人接力游戏如图 2-7(a)(b)所示。

(a)

(b)

图 2-7　拉车式抬人接力跑

 目的

锻炼力量耐力,培养团结协作精神。

 准备

在场地上画两条相距 10 米的平行线作为起跑线和折返线。将参加者分成人数相等并成三人一组的若干组。

 方法

"预备"时,拉车者在前,扮车者在中,推车者在后站立。推车者双手从扮车者腋下抱住,拉车者背对扮车者,并在两腿之间蹲下,用双手提拉扮车者两膝,将扮车者抬起成拉车姿势。发令开始后,参加者开始跑,推车者跑过折返线再返回起点线,以下依次进行,先到的队为胜。

规则

(1)不得抢跑。

(2)如中途车散了,须原地重新组合,再继续前进。

(3)途中串道阻挡他组者为犯规;串道后不影响他组,不判犯规。

 注意事项

(1)要把两臂力量大的参加者安排在最后。

(2)拉车时,前后两人可以同步慢跑。

（3）跑过终点后，扮车者的两脚着地后推车者才能松手，避免摔倒。

八、"蹲跳、换腿"比赛

"蹲跳、换腿"比赛游戏如图 2-8 所示。

图 2-8 "蹲跳、换腿"比赛

 目的

锻炼腿部协调力量，培养团结协作精神。

 准备

组织者预先规定"蹲跳、换腿"的次数。

 方法

"预备"时，面对面拉手成两排，右腿下蹲，左腿向前伸直，脚跟着地。发令后，两人同时"蹲跳、换腿"，即将伸直腿收回成全蹲，同时伸直全蹲腿。以先完成规定"蹲跳、换腿"次数的小组为胜。

 规则

（1）发令后方可开始做"蹲跳"动作，否则不予计算。
（2）蹲跳、换腿时，双方两腿相碰撞或不能同时换腿，均不计算次数。
（3）如蹲跳中脱手，必须拉手后再继续做。

第二节　发展速度的游戏

一、"贴膏药"

"贴膏药"游戏如图2-9所示。

图2-9　"贴膏药"

 目的

锻炼灵敏速度,培养团结互助的精神。

 准备

推选出一个追击者和一个逃跑者,其余的人两人一列,前后站立,围成一双同心圆,列与列之间相隔两步左右,每人面向圆心。

 方法

游戏开始,追赶者在圆圈内、外竭力设法追拍逃跑者。逃跑者为了不被拍到,可以站到任何一列游戏者的前面,这样,追赶者就不能再去拍他,而只能去追拍该列后面多余的第三者。如果被追击者拍到了逃跑者,则与其交换角色,以此类推。

规则

(1)逃跑者不得超出一定的范围,否则就算被追击到。
(2)追击者只能追拍逃跑者或某一列的第三者。

二、"网鱼"

"网鱼"游戏如图2-10所示。

图2-10 "网鱼"

目的

锻炼灵敏速度,培养协同一致、团结战斗的精神。

准备

根据参加人数,设定一定的范围当作"鱼塘",选出2~4人为"捕鱼人",其余的人做"鱼"。

方法

开始后,"捕鱼人"手拉手做成网去捕"鱼","鱼"被围住就算被捕了。被捕的"鱼"立即参与"捕鱼人"手拉手,再去捕捉其他的"鱼",直到把"鱼"捕完或到规定的时间为止。

规则

(1)"鱼"跑出"鱼塘"就算被捕。
(2)被捕时不能冲破"渔网"逃跑,但可以从空隙中钻出去。
(3)"捕鱼人"只能手拉手去围捕,不得拉人或推人。

注意事项

(1)这个游戏运动量较大,适合在冬季进行,游戏开始时要挑选体力较好的人做"捕鱼人"。
(2)"捕鱼人"要团结一致,协同作战,才能获得较大的"捕鱼量"。

（3）人数不宜太多,可分成若干个场地进行。在规定的时间内,看哪个队捕"鱼"最多。

三、互相救援

互相救援游戏如图2-11所示。

图2-11　互相救援

 目的

锻炼灵敏速度,培养团结互助的精神。

 准备

规定一定的范围和一名追击者,其余的参加者为逃跑者,分散在场地上自由奔跑。

 方法

游戏开始后,追击者设法追拍任何一名逃跑者。逃跑者中的任何人发现同伴中有被拍的危险时,可以主动和他拉手;当拉起手后,追击者就不能再去追拍他,而只能去追拍其他逃跑者。逃跑者被追拍到后,与追击者交换角色,游戏继续进行。

 规则

（1）逃跑者被追击者触及身体任何的部位,都算被追拍到。
（2）拉手时,不能超过两人以上,否则追击者可拍击其中的任何一人。
（3）跑出界外,可视为被追拍到。

 注意事项

（1）逃跑者的人数最好成单数。

(2)当追击的目标改变后,两人即应分手散开。

(3)场地范围不宜过大,12个人左右在 9 米×9 米的场地为宜。

四、抓鼻子

抓鼻子游戏如图 2-12 所示。

图 2-12 抓鼻子

 目的

锻炼快速反应能力,培养速度耐力。

准备

设定一个长方形活动区,并选定一名追击者,其余的为逃跑者。

方法

开始时,逃跑者在活动区内自由奔跑,追击者设法追拍逃跑者。逃跑者在迫不得已的情况下,可以在原地单脚站立,一手从膝下绕过,用拇指和食指抓自己的鼻子,这时即为安全脱险。如有被追拍到者,则与追击者互换角色。

规则

(1)逃跑者不能过早地做出"脱险"动作,以造成被动等待的态势。

(2)追击者不得死盯一个逃跑者在 10 秒以上。

注意事项

此游戏运动量较大,因此时间不宜太长。

五、"长江"与"黄河"

"长江"与"黄河"游戏如图2-13所示。

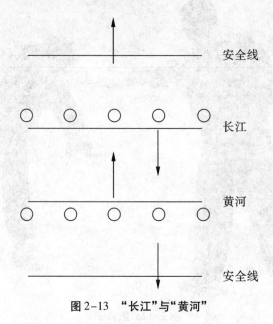

安全线

长江

黄河

安全线

图2-13　"长江"与"黄河"

 目的

锻炼快速判断、反应能力,培养拼搏精神。

 准备

在地面上画相距4米的两条平行线,分别为长江与黄河。距平行线各15米再画两条安全线。将参加者分成人数相等的两队。

 方法

"预备"时,两队游戏者左脚在前、右脚在后站在平行线外侧呈高姿起跑预备势。当听到一声哨响,长江队快速后转逃跑,黄河队去追赶,直至超越15米的安全线没有追上,则逃者得1分;当听到两声哨响则相反。以得分多的队为胜。

规则

(1)听到哨声后,各队才能起跑,否则判抢跑犯规。
(2)被追击者后脚跑过15米线,则追击者停止追拍,追拍则算无效。

注意事项

（1）参加者的注意力集中在哨声上。

（2）参加者在起跑后要加快步频，提高跑速，在 15 米之内，注意坚持追与逃。

六、你抓我救

你抓我救游戏如图 2-14 所示。

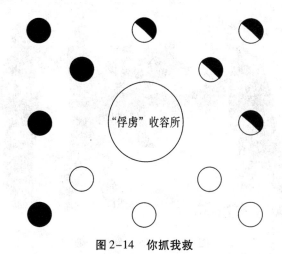

"俘虏"收容所

图 2-14　你抓我救

 目的

锻炼灵敏速度，培养速度耐力。

准备

在地面上画边长为 15 米的正方形，在正方形中央画半径为 1.5 米的小圆圈为"俘虏"收容所。将参加者分成人数相等的甲、乙、丙三队，分散站在小圆圈与正方形之间的场地内。

方法

开始后，甲队追逐乙队，乙队追逐丙队，丙队追逐甲队。在追逐中参加者既要追逐被追逐者，又要防止被别人追到。被追到者即为"俘虏"，应自动站到小圆圈内，等待本队队员前来营救，被营救者可以出圈继续游戏。在规定时间内，被"俘虏"人数最少的队胜利。

规则

（1）被追到或出正方形场外，即算被追到。

（2）在收容所里的"俘虏"被同伴以手触身体即为得救。

注意事项

（1）追逐时严禁故意推拉、冲撞。

（2）可采用单、双足跳的方法进行。

七、迎面击掌接力赛

迎面击掌接力赛游戏如图 2-15 所示。

图 2-15　迎面击掌接力赛

 目的

锻炼速度，培养集体主义精神。

 准备

将参加者视情况分成人数相等的若干队，各队再分成两组，相距 50 米为宜。

 方法

"预备"时，在两边各设一条限制线，对面成纵队站立。发令后，排头迅速向前跑进，与另一组排头击掌后站到排尾。每人跑一次，先跑完者为胜。

 规则

击掌时，不得超越限制线。如超出，则令其返回限制线后重跑。

 注意事项

（1）要做好准备活动，防止受伤。

（2）统一右手或左手击掌，防止碰撞事故的发生。

八、圆圈击掌接力跑

圆圈击掌接力跑游戏如图2-16所示。

图2-16　圆圈击掌接力跑

目的

锻炼速度,培养集体主义精神。

准备

在场地上画一个半径8~10米的圆圈,把参赛者分成人数相等的两队,背向圆心站在圈内。

方法

发令后,各队第一人起跑,沿逆时针方向跑一圈。在双方队员跑过本方起跑线后,本方第二人再到圆圈外起跑线,做好起跑准备。当各队第一人用手触及本队第二人的手时,第二人即迅速起跑并跑完一周。依次进行,以最后一人先跑回本队起跑线为胜。

规则

(1)必须沿圆圈的外沿跑。
(2)没有触及手就抢跑者,令其重跑。
(3)在超越前面的人时,必须从右侧绕过。
(4)过早地站到起跑线后而影响对方跑进者为犯规。

注意事项

游戏的运动强度较大,应先做好准备活动,防止受伤。

第三节　发展弹跳力的游戏

一、"火车"赛跑

"火车"赛跑游戏如图2-17所示。

图2-17　"火车"赛跑

 目的

锻炼小腿的爆发力,培养团结协作精神。

 准备

在空地上画一条起点线和终点线,以两线相距20米为宜。将参加者分成人数相等的若干队,各成纵队站在起点线后面。

 方法

预备时,每位参加者左(右)手握住后面参加者伸来的脚,右(左)手搭在前面参加者的肩上。第一名参加者左手握住后面参加者的脚,但自己不伸脚,排尾最后一人不握脚。发令后,全队统一节拍,统一音响(开动火车的声音)。向前快速跳行,以"车头"先到达终点的队为优胜队。

 规则

(1)"火车"中途"脱节",必须在原地接好"车"方能继续前进。
(2)"火车"必须完整地到达终点方算有效。

注意事项

（1）起点和终点之间的距离应视情况灵活掌握。

（2）也可视情况采用"火车"对开接力比赛。

二、"双人蹲跳"赛跑

"双人蹲跳"赛跑游戏如图2-18所示。

图2-18　"双人蹲跳"赛跑

 目的

锻炼大腿爆发力，培养团结协作精神。

 准备

相距10米画两条平行线作为起点线和折返线。将参加者分成人数相等的若干队，各队每两人为一组。

 方法

预备时，前一人背对后一人挽臂下蹲在起点前后。发令后，各队的第一组由起点线蹲跳向折返线，再由折返线跳回，接着由第二组进行。以此类推，以先到起点线的队为胜。

 规则

臂不得分开，如分开，必须挽好臂再跳。

注意事项

分成若干队以接力比赛方式进行，也可以每组之间进行。

三、追逐单足跳

追逐单足跳游戏如图2-19所示。

图2-19　追逐单足跳游戏

目的

锻炼动作速度和爆发力，提高身体的平衡能力。

准备

在平地上画一条起跑线和一条起跳线，两线相距约10米；起跳线与终点线相距15米为宜。将参加者分成若干人数相等的组，最好是4～5人为一组。一组站在起跳线前，另一组站在起跑线前。

方法

发令后，站在起跳线前的游戏者向前做单脚跳，臂与腿协同摆动跳向终点线，站在起跑线前的游戏者向前奔跑，以追上起跳线上的游戏者为胜。各队以成功次数多少决出胜负。

规则

（1）追逐者不得抢跑。

（2）单脚跳的次数不限。

注意事项

两组可以交换角色进行,注意避免发生冲撞和受伤。

四、跳"人马"

跳"人马"游戏如图2-20所示。

图2-20 跳"人马"

目的

锻炼身体的协调性和爆发力,培养勇敢顽强的精神。

准备

将参加者分成若干纵队,前后间隔两三步,除排尾以外,所有的人都上体前屈,两手扶膝,做成"人马"。

方法

发令后,各组排尾向排头方向,用分腿腾越的方法依次跳过本队所有的"人马",然后自己在排头前两步处做成"人马"。在排尾开始跳跃后,排尾第二人就跟着跳,跳完后也照样做成"人马"。依次进行,全队每个人都跳一次,先跳完的队为胜。

规则

(1)必须按规定的动作跳过每个"人马",不得从旁边绕过。

（2）"人马"的手要扶在自己腿部规定的位置，不得随意升降高度。

（1）根据游戏者的实际情况规定"人马"的高度，可以用手扶膝、扶小腿或扶大腿来调整高度。

（2）做"人马"者要认真，要严格按照要求去做，不能随意移动或改变姿势，以防事故发生。

五、锤子、剪刀和包袱

锤子、剪刀和包袱游戏如图 2-21 所示。

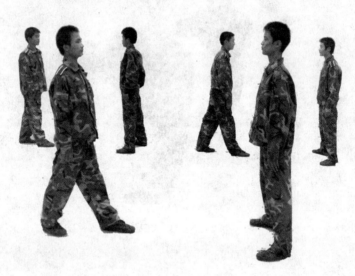

图 2-21　锤子、剪刀和包袱

📖 目的

锻炼弹跳力，培养智慧。

📖 准备

将参加者分成人数相等的两组，成两列横队，面对面站立，各组中的每个人都与对方一组相对的人结成一队。

📖 方法

组织者有节奏地喊出"一、二、三"，喊"一、二"时，参加者用力向上跳；喊"三"时，起跳腿落地。两腿并拢落地代表"锤子"，两腿前后分开落地代表"剪刀"，两腿左右分开落地代表"包袱"。根据两腿落地的姿势，判别胜负。剪刀胜包袱，包袱胜锤子，锤子胜剪刀。获胜多的队为胜。

规则

要按照口令进行,如果动作过晚,则判为犯规。

注意事项

(1)比赛前可先练习几次,动作熟练后再进行比赛。

(2)跳跃尽量高一些。

六、避开跳跃者

避开跳跃者游戏如图2-22所示。

图2-22　避开跳跃者

目的

锻炼弹跳力和灵敏性。

准备

画一个直径为5~6米的圆圈,将参赛者分成人数相等的两个队,分别排成横队,站在圈外,一队为跑队,一队为跳队,跑者进入圆圈自由跑动。

方法

发令后,跳队第一人单脚跳进圈内,追拍跑的队,跑者在圈内躲闪,被拍到者暂时退出圆圈。一定时间后,换第二人跳进圈内追拍,跳队中每个人都做完一次后,两队互换,以拍到人数多的队为胜。

规则

（1）跑队的人不能出圈和踩线，否则视为被拍到。

（2）跳者只能用单脚跳，中途不得换脚。

注意事项

每人跳的时间不宜太长，可每2～3分钟换一人。

第四节　发展灵敏协调的游戏

一、抓"龙尾"

抓"龙尾"游戏如图2-23所示。

图2-23　抓"龙尾"

目的

锻炼灵敏速度，培养团队协作精神。

准备

先指定一名"捉龙人"，其余参加者依次搭住前面人的腰或肩组成一条"龙"。排头做"龙头",排尾做"龙尾"。

方法

开始后,"捉龙人"左右跑动,设法抓到"龙尾"。龙头侧面对"捉龙人",可张开双臂不断移动,保护"龙尾"。

规则

若"龙尾"被抓,则和"捉龙人"交换角色。

注意事项

要经常更换各人的位置,"龙头"应选活动能力较强的人担任。

二、抛军帽折返跑

抛军帽折返跑游戏如图2-24所示。

图2-24 抛军帽折返跑

目的

锻炼协调力,培养团队互助的精神。

准备

在场地上画两条相距2米的平行线,一条为起点线,一条为折返线。将参加者分成人数相等的若干队。

方法

预备时,各队成纵队站在起点线后,各队排头手持军帽做好准备。开始后,排头用力将军帽垂直向上抛起后迅速向前跑至折返线转身跑回,在军帽落地之前将军帽接住,可为该队得一分。其余的人按顺序轮流进行,每人一次,以累积得分多的队为胜。

 规则

(1)抛接军帽必须在起点线后。

(2)抛军帽的方法不限,但必须直接将军帽接住,否则不得分。

三、顶军帽接力

顶军帽接力游戏如图2-25所示。

图2-25 顶军帽接力

目的

锻炼本体感觉和平衡能力,培养集体主义精神。

准备

在场地上画两条相距15米的起跑线。将参加者分成人数相等的两队,各队再分甲、乙两组,各队成纵队分别相对站在两条起跑线后。

方法

预备时,各队排头用手扶帽顶放在头上,做好准备。发令后,顶军帽者迅速将手放开跑向对面,跑到对面排头时把帽交给前一名,然后站到队尾。如此依次进行,直至每人轮换一次,以先跑完的队为胜。

规则

(1)不得抢跑,必须听到发令或在起跑线后将帽顶好才可以跑出。

(2)如军帽从头顶滚落,必须在掉地处将军帽放好才能继续前进。

(3)顶军帽时,不得用手扶军帽。

四、快速体验侧传军帽

快速体验侧传军帽游戏如图2-26所示。

图2-26 快速体验侧传军帽

目的

锻炼躯干的灵活性,培养团队协作精神。

准备

将参加者分成人数相等的两队,各队再分成两人一组,每组两人(甲、乙)相距1.5米,两脚左右分开背向站立。

方法

发令后并计时,甲双臂伸直握军帽,向左(右)转体传给乙,乙从右(左)转体侧接军帽后,接着向左(右)转体传给后面的同伴。按上述方法连续进行,直至全队完成,以在规定的时间内传接军帽次数多的队为胜。

（1）两脚不许移动,传军帽时必须两臂伸直。
（2）军帽掉地者必须捡起军帽方能继续进行。
（3）允许调换方向传军帽,但必须符合上两条规则的规定。

五、头上、胯下传军帽

头上、胯下传军帽游戏如图 2-27(a)(b)所示。

(a)

(b)

图 2-27 头上、胯下传军帽

目的

锻炼身体各关节灵活性,培养团结协作精神。

准备

将参加者分成人数相等的两个队,各队再分成两人组(甲、乙),甲、乙两人的间隔为70厘米左右。

方法

预备时,两腿左、右分开,背向站立。发令后并同时计时,甲从头后上方将军帽传给乙,乙以同样的姿势接军帽后,随即将军帽经胯下后伸传给甲。按上述方法交替和连续进行,在规定时间内以完成次数多的为胜。

规则

(1)只许传军帽,不许抛军帽。
(2)必须是背对进行传接军帽。
(3)一传一接计为一次。

六、报数抱成团

报数抱成团游戏如图2-28所示。

图2-28　报数抱成团

目的

锻炼速度反应能力。

准备

让参加者围成一圆圈,侧向圆圈步行,两人相距1米左右。

方法

组织者在圆心视情况报数;当组织者报某数时,参加者必须按所报的相应数抱成一团。

规则

(1)出现多一名或少一名者,则算犯规。
(2)犯规者罚表演一个节目。

注意事项

防止互相碰撞。

第三章　野外生存

第一节　野外常识

每个人都应该学会在复杂条件下露营、野炊、识别和食用野生食物、常见伤病防治、行进方向判定的方法和技能，以保证在恶劣的生存环境中趋利避害，安全、有效地达到自我保护、自我生存的目的。

一、复杂条件下的露营

所谓复杂条件是指无居民地及无农作物可以利用的自然生态环境，如山岳、丛林、沙漠戈壁、草原沼泽、荒野、荒岛等。进入上述环境前，应进行细致的准备。准备的内容既包括思想重视、学习有关知识及分析可能遇到的情况并拿出应对措施及人员进行编组分工等，也包括野外生存器材、给养、药品等（如刀、斧、锹、桶、盆、锅、火柴、木棍、绳索、针线、塑料布等）。

（一）露营地的选择

露营时，首先应考虑避开或减小敌情的威胁；其次应考虑防避自然灾害和野兽昆虫的袭击，以及是否靠近水源、燃料是否充分等条件。

夏季，露营地点应选择干燥、地势较高、通风良好、蚊虫较少的地方。雨季应考虑防雷击、防洪水及泥石流，沿海地区要考虑防台风，沙漠戈壁地区要考虑防风暴。通常，林间空地、湖泊附近、山顶山脊是夏天较理想的设营地点。

冬季，露营地点应选择避风雪、便于取水、便于采集设营材料和燃料的地点。一般来说，森林、灌木丛、山洞和山坡背风处是理想的设营地点。在寒区，应避开崖壁的背风处、较深的雨裂沟、凹地等处，因为这种地形容易被风吹起大量的雪将帐篷埋没。

（二）设营方式与设营工作

露营时，人员最好不要露宿。因为当人睡着之后，身体对外界气温变化的适应力降低，很容易着凉受寒。因此，设营可根据地形、季节、植被以及宿营时间的长短，灵活地采用搭制帐篷和遮篷、制作吊床、利用山洞、掏掘雪洞或猫耳洞等方式。

确定设营方式后，应该视情况对设营地进行整治。通常，夏季应铲除杂草，略加平整土地，开挖排水沟，烧燃草艾驱除蚊虫。冬季要利用就便材料设置挡风墙，采集燃料和干燥的茅草、树叶或细树条铺设地铺,燃烧篝火等。

1. 架设简易帐篷

可利用方块雨衣、军毯、帆布等就便器材,架设简易帐篷。

简易帐篷的样式分屋顶型帐篷和单坡面帐篷两种。

(1)屋顶型帐篷。将绳子拴在两棵树之间拉紧形成脊线。或者用锹柄、木棍等物做支柱,用背包带连接两个支柱顶端,两端延长斜拉固定在地桩上形成屋脊样式。将方块雨衣或军毯等搭在脊线上形成两个屋顶坡面,坡面底边用石块压牢即成。根据需要还可将数块雨布连接,构成4~8人用的大帐篷。架大帐篷时,脊线下应加设若干支柱,以减轻绳子拉力,保证帐篷牢固,如图3-1所示。

图 3-1 屋顶型帐篷

(2)单坡面帐篷。利用断墙、塄坎、树木,将雨布的一条边固定在墙、坎或树木上,雨布的另一边固定在地面上,即可形成单坡面帐篷,如图3-2所示。

图 3-2 单坡面帐篷

2. 遮棚

在林中过夜,可以就地取材搭制临时遮棚。

(1)单坡面遮棚。先挑选制作3根直径4厘米、长2米的木棍做檩杆,选用6根直径3厘米、长1.5米的树棍做椽子。各檩杆之间间隔0.5米,椽子之间取等间隔用绳子绑牢。将脊檩靠在两棵树上成为单坡面框架。然后将带叶的小树枝扎成把,像铺瓦一样一把一把重叠着挂在檩杆上,挂满后即成单坡面遮棚,如图3-3所示。

图3-3 单坡面遮棚

(2)丛林遮棚。在热带丛林中,宿营时间较长时,搭制较严密的遮棚,可以纳凉、遮雨、隔潮。其方法是根据遮棚的面积,打4根直径10厘米、高2米左右的立柱,在立柱离地面40厘米处的两个对边上,绑两根直径10厘米的横杆做底架,底架上密铺直长的树干做地板,然后向上每隔40~50厘米绑横杆,以便于挂雨布或树枝做遮墙,顶部平铺雨布做顶,即成为丛林遮棚,如图3-4所示。

搭建遮棚宜选用新砍伐的质地坚硬的树木枝干,使用枯树枝干时,应将其敲打或剥皮以驱除昆虫。

3. 吊床

夏季丛林中,宿营时间短时可采用吊床。吊床制作很简便,帆布、毛毯都可以制作。吊床两端拴在两棵树上,上面再拉一根绳子,搭上方块雨布,四角用绳子系牢,便成为一个防雨遮阳的帐篷,如图3-5所示。

4. 猫耳洞、雪洞

冬季时间充裕时,可挖猫耳洞露营。即在土质较好的沟壕、土坡的侧壁上,挖掘一猫耳形状的栖身洞,洞口开设在向阳背风的方向。

在积雪较厚的寒区,还可以挖掘雪洞避风御寒。当气温在-30℃时,雪洞内温度可达到-5℃。雪洞应选在积雪较厚的地方,通常积雪1.5米以上即可直接开口构筑,积雪

图3-4　丛林遮棚

长2米

宽80厘米

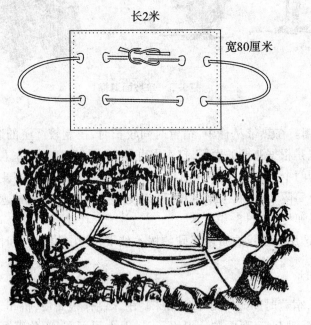

图3-5　吊床

较薄的地方,可以将雪堆起来后再开口构筑。

　　雪洞一般不易过大,以防坍塌。洞口呈拱形,开在避风之处。进出通道可根据情况掘成水平式或倾斜式。洞掘好后,可用雨布封闭洞口保温,但须留一通气孔防止窒息。洞内要留一把铁锹或刀,用于雪洞坍塌或风雪封堵洞口时自救。

　　设营工作完成时,应对宿营设施认真进行检查,消除不安全因素。

二、野炊

在野外用制式炊具或就便器材制作热熟食的过程叫野炊。食用热熟食,可以帮助消化,防止疾病,增加身体热量,较快地恢复体力。

(一)使用就便器材和材料野炊

在没有制式炊具可供使用的情况下,应利用就便器材和材料热熟食,其方法有以下几种。

1. 脸盆、罐头盒

在野外可以用石头做架,或用铁丝吊挂脸盆、罐头盒等物,用火加热、烹煮食物、烧开水等。

2. 铁丝、木棍

可将食物穿插缠裹其上,放在火边烤熟。

3. 石板或石块

用火将石板烧烫以后,将食物切成薄片放在上面烙熟。

将若干拳头大小的石块放在火中烧热,用棍拨到一个40厘米深的土坑内铺一层,石块上铺一层大树叶,放上食物,上面再铺一层树叶,将剩下的热石块铺在树叶上,然后再铺上厚厚的树叶压住,三四个小时之后即可取食。

4. 黄泥

用和好的黄泥在地上摊成一个3厘米厚的泥饼,上面铺一层树叶。将野鸡或野兔、鱼等物除去内脏不脱毛不褪鳞,放在泥饼上。用泥饼将食物包裹成团,放在火中烧两个小时即可食用,食用时兽毛或鱼鳞沾在泥块上随之脱离。

5. 竹节

选粗壮的竹子砍倒,每2～3节竹筒砍成一段,将竹节的一端打通,将米和水灌入竹节里,米约占三分之二,然后将竹节放在火中烘烤,约40分钟可做成熟饭。

(二)野炊散烟灶

使用行军锅做饭时,可以挖野炊灶。野炊灶由灶膛、烧火槽、灶门、烟道等组成。

1. 灶膛

灶膛用于容纳锅体和燃料,其大小视行军锅而定,挖时先垂直向下挖到一定深度,再扩大圆周挖成肚大底小的形状,其深度以距锅底40厘米为宜。灶底形状由使用的燃料决定。若烧木柴,可挖成船底形;若烧野草,可挖成碗底形;若烧煤,要挖供风道,并架设代用炉条。挖灶时,如果遇到膛底下层土质坚硬难挖,可将锅沿适当垫高,以保证灶膛必要的深度。灶膛挖好后,还应该在灶膛底挖一个十字形(或碗形)的坑,以容纳柴灰和通风助燃。

2. 烧火槽

挖灶时如有沟、坎、坡可以利用时,则不必挖烧火槽。烧火槽应选在顺风方向,一端与灶门相连。大小以便于烧火、隐蔽人员和存放木柴为原则,一般以长2米,宽0.8米,深1米为宜。

3. 灶门

灶门的位置应选在灶膛和烧火槽相对的中央部位,方向应根据风向、风力而定。弱风时迎风,强风时侧风,灶门上端距锅底平面10厘米。灶口根据使用的燃料确定大小,烧柴草时大一些,烧煤时大小以能放入煤铲为宜。

4. 烟道

烟道分主烟道和支烟道,其数量以能散烟为原则。主烟道通常设1~3条,每条长2米左右,深、宽各20厘米。其中一条设在灶门相对的方向,其余两条取等距离在两旁,出烟口应离地面20厘米向上倾斜,直径为15~18厘米。主烟道在离出烟口50厘米处设一转烟坑,直径和深度均为40厘米,使烟在转烟坑回旋后,再慢慢地由烟道覆土缝隙中散出。支烟道在主烟道的两旁,通常设2~4条,每条长1米左右,深、宽各10~15厘米。烟道挖好后,用树枝盖上,上面再盖小土块和散土。点火后,如果烟大还可以适当垫厚散土,以便炊烟慢慢流散。

(三)烧青(湿)柴草

烧青(湿)柴草时要准备好引火柴、吹火筒、砍柴刀。

烧青(湿)柴时,先点燃引火柴,将湿柴劈细,待引火柴燃烧旺盛后,将湿柴交叉架空放在火上,并要勤看、勤添。烧青(湿)草时,要将草挑松散,少添、勤添、勤出灰,并可由多人轮流使用吹火筒吹风助燃。烧火时,可将青(湿)柴草放在烟道上灶口旁,边烤边烧,并留下一些烤干的柴草,为下一餐引火使用。

(四)寻水

水对人的生存至关重要。野战条件下,要对饮水计划使用。同时,注意寻找水源或采集、处理用水,以弥补消耗的饮水。

1. 找水

找水一般可通过听、嗅、看三种方法。听:凭借灵敏的听觉器官,注意山脚、山涧、断崖、盆地及谷底是否有山溪或瀑布的流水声,是否有蛙声和水鸟的叫声等。如果能听到这些声音,说明在不远处就有流动的并且可以直接饮用的活水源。嗅:通过鼻子,尽可能嗅到潮湿气味,或因刮风带过来的泥土腥味及水草的味道,然后沿气味的方向寻找水源。看:凭着丰富的经验去观察动物、植物、气象、气候及地理环境等寻找水源。

在野外可以根据野生植物的种类、生长的数量和分布范围、动物出没活动规律等寻找地下浅层水源。一般植物茂盛、动物经常出现的地方,是容易找到浅层水源的。

在许多干旱的沙漠、戈壁地区,生长着柽柳、铃铛刺等灌木丛的地方,地下水距地面6~7米;生长着胡杨林的地方,地下水距地面5~10米;生长着茂盛的芦苇的地方,地下水位于地表以下1米左右;生长着喜湿的金戴戴、马兰花等植物的地方,地下水距地面约0.5米或1米左右。在南方,根深叶茂的竹林通常是浅地表地下有水的标志。

(1)根据地理环境判断地下水位的高低。在山脚下、低洼处、雨水集中处以及水库的下游等,地下水位较高。在干河床的下面、河道的转弯处外侧的最低处,往下挖几米就有水。

(2)根据地面干湿情况寻水。炎热的夏季地表面总是非常潮湿,地面久晒而不干不热的地方,说明地下水位较高。秋季地表有水汽上升,凌晨常出现像薄纱似的薄雾,晚上露水较重,且地面潮湿的地方,说明地下水位高,水量充足。寒冷的冬季,地表面的缝隙处有白霜时,说明地下水位较高。春季解冻早的地方和冬季封冻晚的地方以及降雪后融化快的地方地下水位均高。

(3)根据植物生长情况寻水。生长着香蒲、沙柳、马莲、金针(也称黄花)的地方,地下水位高且水质较好。生长着灰灰菜、蓬蒿、沙里旺的地方,也有地下水,但水质不好,有苦味或涩味,或带铁锈味。生长着三角叶杨、梧桐、柳树、盐香柏的地方,有地下水。初春时,其他树枝还没发芽,独有一处树枝发芽,此处有地下水;入秋时,同一地方其他树叶已经发黄,而独有一处树叶不黄,此处有地下水。某些植物的枝干、茎叶、果实或块根中含水丰富,可直接食用,给人体补充水分。

(4)根据动物、昆虫的活动情况寻水。夏季蚊虫聚集,且飞成圆柱形状的地方一定有水。蚂蚁、蜗牛、青蛙、蛇等动物喜欢在泥土潮湿的地方做窝栖身,在这些地方向下深挖通常可以找到水。燕子飞过的路线和衔泥筑巢的地方,都是有水源和地下水位较高的地方。鹌鹑傍晚时向水飞,清晨时背水飞。斑鸠群早、晚都飞向水源。

(5)根据天气变化寻水。天空中出现彩虹的地方,肯定有雨水。在乌黑、带有雷电的积雨云下面,定有雨水或冰雹。在总有浓雾的山谷里定有水源。

2. 采水

雨水可以直接饮用。下雨时,可用雨布、塑料布大量收集雨水,也可用空罐头盒、杯子、钢盔等容器接收雨水。沙漠戈壁地区不易寻到地下水,可以在清晨采集植物枝叶上的露珠。白天也可以用塑料布蒙在植物的枝叶上,由于枝叶的蒸腾作用,塑料布上会凝结一层水雾;或者在地上挖一个露出湿土层的坑,蒙上塑料布,塑料布上将会凝结一些水珠,将这些水珠收集起来积少成多,也能够解决一部分饮水。

在南方的丛林中,野芭蕉(也叫仙人蕉)的芯含水量较大,只要用刀将其从底部迅速砍断,就会有干净的液体从茎中滴出。竹子的根部几个竹节中也有存水,摇晃竹茎,听到汩汩的水声,在每个竹节底部用刀切个小口,倒出里面的水便可饮用。在野葛藤、葡萄藤、猕猴桃藤、五味子藤等藤本植物的藤干中也可寻到汁液水。在春天树木要发芽时,也可从桦栎、山榆树等乔木的树干及枝条中获取饮用水。从芦荟、仙人掌及其果实中也可获取饮用水。藤或灌木、乔木的汁液,如果是乳浊状的,则说明有毒,不宜饮用。

从植物中获取的饮用水,容易变质,最好即取即饮,不要长时间存放。

3. 净化水

野外水源水质混浊有异味不便直接饮用时,首先应辨别水中是否含有有毒腐败的物质,一般情况下,有强烈异味的水是不宜饮用的。对一般水质较差的情况,可做净化处理。

(1)药物净水。使用"69-1 型饮水消毒片""漂白粉精片"处理浊水,可以起到澄清杀菌的作用。使用明矾可以使浊水变清。

(2)植物净水。将一些含有黏液质的植物,如仙人掌、榆树皮等,捣烂成糊加入浊水中,搅拌 3 分钟后,再静止 10 分钟左右,可起到类似明矾的净水作用。一般 15 千克水可用 4 克植物糊净化。

（3）水的过滤。将竹节一端堵节打掉，在另一端堵节上钻一个小孔，竹节内从上向下依次放入石子、沙、土、木炭碎块做成过滤器。将浊水缓缓倒入竹节，小孔中就流出比较洁净的过滤水，如图3-6所示。

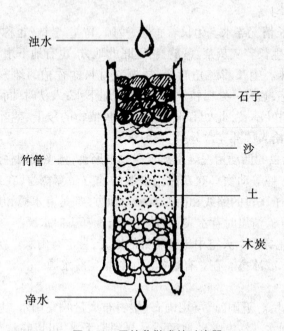

浊水——

竹管——

净水——

———石子

———沙

———土

———木炭

图3-6　用竹节做成的过滤器

（4）水的消毒。使用消毒片、漂白粉净化的水可以直接饮用。其他方法取得的净化水，应煮沸消毒后方可饮用。如果寻找到的水是咸水，用地椒草与水同煮，这虽不能去掉原来的盐咸，但能防止发生腹痛、腹胀、腹泻。如果水中有重金属盐或有毒矿物质，应用浓茶与水同煮，最后出现的沉淀物不要喝。

当没有可靠的饮用水又无检验设备时，可以根据水的颜色、味道、温度、水迹等，概略鉴别水质的好坏。纯净的水在水浅时无色透明，水层深时呈浅蓝色，可以用玻璃杯或白瓷杯盛水观察。通常水越清水质越好，水越浑则说明杂质越多。一般情况下，清洁的水是无味的，而被污染的水则带有异味。

地面水的水温因气温变化而变化，浅层地下水受气温影响较小，深层地下水水温低而恒定。如果所取样的水不符合这些规律，则水质一般都有问题。

此外，还可以用一张白纸，将水滴在上面晾干后观察水迹。清洁的水无斑迹，如有斑迹则说明水中有杂质，水质差。

在野外最好不要饮用从杂草中流出的水，而以从断崖或岩缝中流出的清水为好。饮用河流或湖泊中的水时，可在离水边1~2米的沙地上挖个小坑，坑里渗出的水较直接从河湖中提取的水清洁。

4.合理用水

在水源紧缺的情况下，要合理安排饮用水。喝水要讲究科学性，过量饮水，身体会将吸收后多余的水分排泄掉，这样就会白白地浪费很多水。喝水时，一次只喝一两口，然后含在口中慢慢咽下。待口渴时再喝一口,慢慢咽下,这样重复饮水,既可使身体将喝下的水充分吸收,节约饮水,又可解决口、舌、咽喉的干燥。一个标准水壶的水量,运用正确的饮水方法,可使单兵在运动中坚持6~8小时,甚至更长时间。

（五）用火

火在野战生存中具有重要的作用,它可以用来热熟食、烧开水、烘烤衣物、取暖御寒、驱除猛兽和有害昆虫,必要时还可以作为信号使用。

1. 取火

在没有火柴的情况下,可采取以下几种方法取火。

（1）摩擦取火。这种原始取火方法在野战求生条件下仍然适用,但在取火前要准备好引火媒。引火媒可选用干燥的棉絮、纱线、草屑或撕成薄片的干树皮、干木屑等。

1）弓钻取火。用强韧的树枝或竹片绑上绳子或鞋带等做成一个弓,将弓弦在一根20厘米长的干燥木棍上缠绕两圈,将木棍抵在一小块硬木上,来回拉动弓使木棍迅速转动。这样会钻出一些黑粉末,最后这些黑粉末冒烟而生出火花,点燃引火媒,如图3-7所示。

图3-7　弓钻取火

2）藤条取火。找一段干燥的树干,将一头劈开,并用东西将裂缝撑开,塞上引火媒,用一根长约两尺的藤条穿在引火媒的后面,双膝夹紧树干,迅速地左右抽动藤条,使之摩擦发热起火而将引火媒点燃,如图3-8所示。

图3-8　藤条取火

（2）击石取火。找两块质地坚硬的石头，互相击打，将其迸发出的火花落到引火媒上。当引火媒开始冒烟时，缓缓地吹或扇，使其燃起明火。如果这两块石头打不出火，可以另外寻找两块石头再试。用小刀的背或小片钢铁，在石头上敲打，也能很容易地产生火花，引燃引火媒。

（3）凸透镜取火。用凸透镜将太阳光聚集成一点，光点上的温度可以将棉絮、纸张、干树枝、受潮的火柴等物引燃。夏季雾气较大或者冬季阳光较弱时，可以等到正午阳光强烈时取火，然后保存火种以备使用，如图3-9所示。

阳光

图3-9　凸透镜利用太阳能取火

2.篝火

常用的篝火方式有框架式、放射式、排列式三种。

（1）框架式。将木柴交叉成90°搭成"#"字形框架，层层上叠，从底部点燃。

（2）放射式。将木柴或树枝以某点为圆心呈放射形状摆放，从中心点燃。

（3）排列式。取3~5根较粗的木材平行排列，两端用树枝或石块垫起，下面放置引火的干柴点燃。

三、野生食物的识别和食用

野生食物包括野生植物和动物，它们具有一定的营养价值，可作为辅助食物或主要食物。

（一）野生可食植物的识别和食用

每个人都应该掌握对可食植物的辨别知识，严禁随意品尝不认识的植物，以防中毒。鉴别植物是否有毒，比较可靠的方法：第一，根据可食野生植物的图谱进行认真鉴别；第二，向有经验的人员了解可食植物的种类和识别方法；第三，仔细观察动物采食的情况，通常被动物啃食的丛生植物对人是无害的；第四，将采集到的植物割开一个小口子，放进一小撮盐，如果植物变色则不能食用。可食野生植物有野果、野菜、藻类、地衣、蘑菇等。我国常见的野生可食植物和果类有2 000多种，其中常见的野生可食植物有苦菜、蒲公英、鱼腥草、马齿苋、刺儿草、芥菜、野苋菜、扫帚菜、菱、莲、芦苇、青苔等；常见的野果有山葡萄、黑瞎子果、茅莓、沙棘、火把果、胡颓子、乌饭树、余柑子等。野果可以直接食用，野菜可生食、炒食、煮食或通过煮浸食用。

1. 野果类

(1)茅莓。广布于全国各地,生长在山坡灌木丛中或路旁向阳处,果实及嫩叶可供食用。七八月果实成熟,味酸可生食。其形态为攀援状灌木,在枝和叶柄上全生有毛和钩状小刺。叶为羽状复叶,小叶多为 3 片,也有 5 片的,近圆形,顶端一片较侧生叶片大,边缘有不整齐的深齿,下面呈白色,密生短毛。花单生在叶腋,或由几朵聚成短圆锥花序,生在树顶,总梗有稀疏的刺,花瓣粉红色,倒卵形。小核果,球形,红色,核有深窝孔,如图3-10 所示。

图 3-10 茅莓

(2)沙棘。分布于河北、山西、陕西、甘肃、宁夏、青海、新疆、四川、云南等地。常成丛生长在河岸两旁的沙地或沙滩上,九十月果实成熟,可生食,味酸而甜。其形态为有刺灌木。叶窄,线形或线状披针形,长 2~8 厘米,宽 2~8 毫米,叶片上面呈绿色,下面为银白色。花雌雄异株,雄花无柄,有 2 个椭圆形的裂片,4 个雄蕊,雌花有短柄,花萼呈管状。果实为核果,卵形或近圆形,多汁,长 0.8~1 厘米,直径 5~6 毫米,金黄色或橙黄色,许多个密生在一起,紧贴树梢上,如图 3-11 所示。

图 3-11 沙棘

（3）胡颓子。分布于山东、辽宁、河南、江苏、福建、广东、湖南、湖北、四川等地。生长在山坡及空旷的地方，果实可生食。其形态为灌木，有刺，高2～4米，幼枝褐色。叶子为椭圆形或长圆形，先端稍长，边缘波状常卷皱。花为银白色，长约1厘米，1～3朵生于叶腋，常向下垂。果皮开始为褐色，成熟后微发红，内包一椭圆形的硬核，如图3-12所示。有些野果比较容易识别如野山梨、野栗子、榛子、松子、山核桃等。

图3-12　胡颓子

2. 野菜类

（1）苦菜。生于山野和路边，3～8月均可采其嫩茎叶，洗净可生食，茎高0.6～1米。叶互生，叶边大多分裂，周围有小短刺，近根处叶窄，色绿，表面呈灰白色，断面有白浆，茎叶平滑柔软，夏季开黄色头状花，如图3-13所示。

图3-13　苦菜

(2)蒲公英。生长于田野中,3~5月可采食嫩叶,5~8月可采花煮汤。全株伏地丛生,高10~20厘米,体内有白色乳汁。叶缘为规则的羽状分裂,色鲜绿。花茎数个,自叶丛基部生出,与叶等长或稍长一点,上部密生白色丝状毛。头状花序顶生,全为黄色舌状花瓣,如图3-14所示。

图3-14 蒲公英

(3)蕺菜。别名鱼腥草。生于水沟边、渠岸、池边及阴湿地。嫩幼苗可作蔬菜吃。叶含挥发性油,幼苗经水煮后换水三次,加油盐调食。全草可作药用,治毒蛇咬伤,其用法为将全草捣烂外敷伤口周围或煎汤熏洗患部,或单味煎服。其形态为多年生草本,茎上部直立,下部匍匐,节上生须根并有褐色鳞片。叶为心脏形先端渐尖,边全缘或呈波状,上面为绿色,下面带紫色。穗状花序生在茎的顶端,总梗细长,上部有白色总苞4片,倒卵形,果实成熟时顶端开裂。种子多,卵形,如图3-15所示。

图3-15 蕺菜

（4）马齿苋。全草可食,味平淡。常生于田野路旁。通常 5~9 月中旬采嫩叶茎,烫软将汁轻轻挤出,加入调料即可食用。全草煮食可治痢疾。其形态为肉质草本,肥嫩多汁,茎多分枝,圆形,呈紫红色,平铺地面。叶互生或对生,叶片肥厚呈瓜子形。花小,黄色,5 瓣,3~5 朵丛生于叶腋,花后结盖果,种子为黑色,如图 3-16 所示。

图 3-16　马齿苋

3.蘑菇、海藻

（1）蘑菇。由于目前还没有完全可靠的方法鉴别有毒与无毒的蘑菇,因此,采食蘑菇时一定要慎重,可以参照有关的蘑菇图谱鉴别蘑菇,或仔细观察蘑菇上被野兽或昆虫啃咬过的痕迹,记住这种蘑菇的形状,供以后采摘时参考。采蘑菇可在雨后的林中或草地上进行。

（2）海藻。海藻生长在海边礁石上或漂浮在海水中。海藻一般无毒,常见的有紫菜、红毛菜、角叉菜、鸡冠菜、裙带菜等。采食海藻应选用海水中新鲜的海藻,海滩上的海藻常常因为脱离海水而腐败变质不宜食用。

（二）野生动物的捕获和食用

野生动物经过加工处理后都可以食用。但是某些鱼类如河豚,因其内脏器官含有剧毒物质,在不具备精细加工的条件下,不能食用。

1.猎兽

猎兽前应当向有经验的人员或当地居民了解动物的习性和捕获的方法。对大型动物通常采用枪杀的方法猎获。对小型动物可采取下述方法捕获。

（1）压猎。采用石板或冻土板、冰板,也可以用木板上压重物做压拍子。用木棍将压拍子一端支起,木棍上设置机关加挂诱饵,当小动物取食时,即可被压拍子压住,如图 3-17 所示。

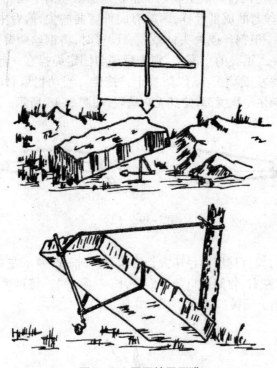

图 3-17　用压拍子压猎

（2）套猎。采用各种绳索、钢丝或马尾，一端做一活套圈，另一端系在树干、草棵或石头等物上。

套子可下在动物经常出没活动的地方。应保证使活套圈的平面与动物活动路线垂直，其大小和距离地面的高度根据所猎动物的大小而定，以能套住动物的头部为宜，如图3-18所示。

图 3-18　用活套圈套猎

（3）卡钩和竹筒。这两种方法主要用于猎获地面活动的小动物，如田鼠、旱獭、黄鼬等。卡钩用一根细钢丝弯曲成别针样，两端有向外弯曲的尖，两臂中间各有一小铁丝圈用于穿别子。别子用一根钢丝或大头针做成。设置时，将钢丝两臂压紧，使臂上小铁圈重叠，将别子从后面穿入重叠的小圈中，别子后端与固定绳拴在一起。钢丝尖端设置诱饵，后端用一绳拴在树枝或草根上，以防被小兽拖走。当动物取食时，别子从铁圈中脱出，钢丝别针即张开卡住动物嘴部，使其无法逃脱，如图3-19所示。

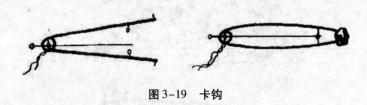

图3-19　卡钩

（4）竹筒捕猎。竹筒宜选用内径略大于猎捕动物，长65厘米左右的竹节做成。竹筒斜埋于地下，倾斜45°左右，竹筒上口与地面平，筒必须光滑。将诱饵投入筒底，当动物进竹筒中取食时，不易退出而被捕获，如图3-20所示。

图3-20　竹筒捕猎

（5）对猎获动物的处理。将兽体侧放或仰放，从头向尾沿腹部剖开，再由腿部绕膝关节将皮割开，并沿腿内侧把这些切口与纵切口连接。先剥腿部皮，然后再剥躯体上的皮。剥兽皮时，一面用刀子割，一面用拳头伸入肉与皮之间用力撑，使皮肉分离。皮剥下后，将兽体放在皮上取出内脏，将兽体肢解成块。

2. 捕蛇

捕蛇时应特别注意防蛇咬伤，有条件的最好穿戴较厚的高腰鞋及长筒手套等防护用品。

（1）叉捕法。用树枝做一个木叉，叉柄的长短以捕蛇者俯身后两手能够捉住蛇的颈部为准，叉口大小以叉紧蛇的颈部为宜。捕时先叉住蛇的颈部，然后俯身以胸部抵住叉柄，再用一只手捉住蛇头颈部，另一只手握住蛇的后部，即可将蛇捉住。

（2）泥压法。对一些不大的，在地面或石头上活动的蛇，可拿一块大泥用力摔在蛇身上，将蛇黏压在地上或石头上，再行捕捉。

（3）索套法。对在乱石上、草丛间或地上翘起头的蛇,可用此法捕捉。取一竹竿在一端打通一个洞,穿过一条细韧的绳子,做成一个活动套圈。用手拿住竹筒和绳子的另一端,将活套从蛇的背后迅速套住其头部,随即拉紧活套,缚住蛇颈。

3.捕鱼

捕鱼可以使用钩钓、针钓、脚踩、手摸等方法。

（1）钩钓。使用鱼竿、鱼线、鱼坠、漂子等器材,也可以使用就便器材自制,如:用针弯成钩;用草秆、鸡毛管做成漂子;用弹壳或小石头做成钓坠等。钓鱼时,将饵食挂在钩上抛入水中,等漂子上下颤动时迅速提竿,反复多次即可钓到鱼。为引诱鱼群上钩,还可以提前在垂钓处投入一些碎米等食物,俗称"做窝子"。

（2）针钓。以针代钩,用丝线缚在针的中央,穿上鱼饵,不用漂子沉入水中。鱼吞食针饵后,针便横搁在鱼腹内,使鱼无法逃脱。鱼饵可用蚯蚓、蚱蜢等昆虫。

（3）摸鱼。在浅水中,可直接下水摸鱼。摸鱼时两手呈合势,贴水底向心合拢摸鱼,摸到鱼后要迅速向水底按压捕捉,一手握鱼头,一手握鱼尾快速扔上河岸。

（4）拦坝戽水。对小水塘可以采用分片拦坝戽水的方法捉鱼。先在水塘的一角筑起泥坝,用桶或盆将水戽到坝外,待见底后即可在泥中捉鱼。然后按此法逐片戽水捉鱼。

4.食用昆虫

可食用的昆虫种类很多,如蜗牛、蚂蚁、蚯蚓、知了、蚱蜢、蟑螂、蟋蟀、蝴蝶、蝗虫、湖蝇、螳螂等。对昆虫可用油炸（动物油）、烧烤、烹煮等方法处理后食用。

四、野外常见伤病的防治与救护

（一）蛇虫叮咬的防治

1.昆虫叮咬的防治

在野外,为了防止昆虫的叮咬,应穿长袖衣和长裤,扎紧领口、袖口、裤脚,皮肤暴露的部位涂抹防蚊药,不要在潮湿的树荫和草地上坐卧。被蚊虫叮咬后,可用氨水、肥皂水、盐水、小苏打水、氧化锌软膏涂抹患处止痒消毒。宿营时,点燃艾叶、青蒿、柏树叶、野菊花等驱赶蚊虫。

2.蚂蟥叮咬的防治

蚂蟥是危害很大的虫类。遇到蚂蟥叮咬时不要硬拔,可用手拍或用肥皂液、盐水、烟油、酒精滴在其吸入处,或用燃着的香烟烫,让其自行脱落,然后压迫伤口止血,并用碘酒涂抹伤口以防感染。在行进中,应经常察看有无蚂蟥爬到脚上。在鞋面、裤脚上涂些肥皂、防蚊油、大蒜汁可以防止蚂蟥上爬。

3.蜇伤处理

被蝎子、蜈蚣、蜂类等毒虫蜇伤,要先挤出毒液,然后用肥皂水、氨水、烟油、醋等涂抹伤口消毒。可用马齿苋捣碎,汁冲服,渣外敷;也可把蜗牛捣碎涂在伤口上,或把蒜汁涂在伤口上,这些都有消毒、消肿作用。

4.毒蛇咬伤后的应急措施

一旦被蛇咬伤,首先要判明是否被毒蛇咬伤。如果在两排牙痕的两端有两个特别粗而深的牙痕,则是毒蛇咬伤。被毒蛇咬伤后,要使患者就地休息,让伤口放在低处,然后迅速就地取材,用毛巾、绳带甚至用草做止血带在伤口上方5~10厘米处包扎,随后用清水或茶水冲洗伤口。如果伤口内有毒牙还应立即挑出,还可用瓷茶杯等容器来拔火罐或用吸奶器在伤口处吸毒液,反复做几次,再用盐水冲洗几次,然后去掉止血带,立即送医院处理。

(二)野外常见伤病的处理

1.刺伤的处理

长而尖的东西刺入人体会造成刺伤。刺伤的伤口多半小而深,有时会触及深处的神经、血管及重要器官。遇到较深的创伤时,如果伤口不在重要器官附近,可以自己拔除异物;如无把握,应该由医生检查后再做处理,以免发生大出血。刺伤伤口多需要注射破伤风类抗毒素或抗毒血清,同时要用抗生素或消炎药。

2.挫伤的处理

身体受到重物打击,皮下组织受伤而皮肤未破的称挫伤。挫伤发生后,一般受伤部位皮肤青紫,皮下多发小血肿,伤处肿胀,触之疼痛。挫伤较轻的一般不需要特殊处理,每天轻轻按摩消肿即可;较重的,可将五虎丹、七厘散用茶水或酒调匀敷在伤处,外加包扎。对于脑、胸、腹部及关节部位的挫伤,如疼痛难忍,应速到医院治疗。

3.扭伤的处理

关节过猛地扭转,撕裂附着在关节外面的关节囊、韧带及肌腱,痛、肿及皮肤青紫、关节不能转动,都是关节扭伤的常见表现。其一般处理与挫伤相同,还要注意减少关节活动,脚关节受伤时最好躺下休息,把小腿垫高些。腰扭伤可用热水袋或热毛巾热敷。关节扭伤以后,往往容易再扭伤,要特别注意预防。

关节扭伤后的正确处理方法:马上用凉水冷敷,使局部皮下毛细管迅速收缩,减少皮下毛细血管里渗出物,降低局部新陈代谢,抑制组织细胞的活动,从而达到止血、止痛、消炎和退热的作用。待24小时后,皮下毛细血管闭合,渗出物停止,这时再进行热敷,以免使局部皮下破裂的毛细血管更加扩张,更加疼痛。

4.烫伤的处理

发生了烫伤后要根据不同受伤程度赶快处理。如果受伤人全身情况良好,烫伤面积不大,皮肤没有破裂,只要在烫伤部位涂少许酱油就可以止痛。已经破皮的烫伤,如果范围不大,可以用青霉素软膏或硼酸软膏、磺胺软膏涂在消毒纱布上,盖住伤口,再加棉垫绷带包扎,一般一周左右即能愈合。如果烫伤范围大,而且伤势也重,就要送医院治疗。送医院前不要将衣服随便更换,而要用清洁的被单把受伤人包起来,最好先给他吃一两片止痛片,然后急送医院。

5.异物误入眼睛后的清除

异物误入眼睛后,容易引起眼睛红痒和脸部水肿、痒痛。严重时,如果离医院近,可以到医院用硼酸水或生理盐水冲洗,若是不方便,可以用冬桑叶20片或陈茶叶煎水,加入少许枯矾,趁热时用药棉擦眼睛,能够止痒退红。另外还可以把眼皮拉起,多闭几下使异物随眼泪流出。

6.中暑的防治

中暑俗称发痧,是夏季常见病之一。中暑早期一般能自我感觉到全身乏力、头晕、头痛、眼花、耳鸣、胸闷、恶心、注意力不集中、面色苍白、心跳加快等症状,如不及时处理,就会发生晕倒、昏迷、抽筋等。

预防中暑要做到"三防""两足""一及时"。"三防":防过度疲劳、防饥饿、防太阳底下长时间暴晒。"两足":水足,盐足。"一及时":及时发现早期中暑症状,并立即扶至阴凉通风处休息,解开衣扣腰带,头部敷以冷湿毛巾,也可在颈部、背部刮痧。如有昏迷症状,还应立即请医生急救。

(三)急救处理

1. 昏厥处理

野外昏厥多是由于摔伤、疲劳过度、饥饿等原因造成的。这是比较常见的,一般休息一会儿就会缓过来,醒来后多喝些开水,多休息。

2. 中毒处理

在野外遇到中毒情况时,首先要洗胃,快速喝大量的水,用手指触咽部引起呕吐,然后吃蓖麻油等泻药清肠,再吃活性炭等解药及其他镇静药,多喝水,以加速排泄。为保证心脏正常跳动,应喝些糖水、浓茶、暖暖脚,立即送医院救治。

3. 溺水后的急救

救溺水的人,首先自己要熟悉水性,下水前如果来得及,最好脱掉衣服。救人时不要游到溺水人前面,以免让他抱住你增加抢救难度,要采取适当的姿势将其带到岸上。上岸后,赶快解开溺水人的衣带,清理出口鼻腔里的脏物,急救者先跪下一只脚,另一只脚弯曲,把溺水者腹部靠在自己大腿上并压他的背部,让他把水吐出来。如果溺水人口紧闭,可将他的下颌掰开,塞物使其张口。如果溺水者昏迷不醒,只要心脏没有停止跳动,就必须坚持人工呼吸,直至醒来。如经人工呼吸还昏迷不醒,可针刺人中、中冲、内关等穴位并立即送医院抢救。

4. 触电紧急处理

若发现有人触电,应迅速果断地采取正确方法进行救护。

(1)立即切断电源。

(2)若触电者遭电击或是自己挣脱摔倒,旁人应先切断电源开关,再请内行人检查排除故障。

(3)流过身体的电流在 15 μA 以上时,触电者会发生痉挛抽筋症状,靠自己的力量一般难于脱身。如果电源开关较远或不知在何处,此时救护者千万不能徒手去拉触电者,而应该用干木棍等杂物拨开带电体或人的触电部位,然后再切断电源。

(4)如果触电者因电流较大造成心室纤颤病状,甚至停止呼吸,应立即对其实施人工呼吸,不可耽误。

5. 止血及伤口包扎

遇到出血、骨伤、颅脑伤、气胸、内脏脱出等伤员,救护时需要及时止血、包扎,骨折固定后送医院。

(1)手压止血法。手压止血法就是用手压迫出血管的上部止住出血,这是最方便而又能很快止血的方法,特别是四肢大出血时用它最合适,因为动脉血流方向是由心脏流向周围的,止血时,只要用拇指、手掌或拳头压住出血部位动脉近心的那一端,用力把它压在后面的骨头上,就会断绝血流来源而达到急救止血的目的。紧急时可隔着衣服压迫,然后再换其他止血法。手压止血法的要领:熟悉血行线路,牢记压迫点,手压近心端,压力向骨面。

(2)包扎伤口的要求。包扎伤口的要求可概括为快、准、轻、牢。包扎要做到"五不""四要"。"五不":不摸,不准用手和脏物触摸伤口;不冲,不准用水冲洗伤口(化学伤除外);不取,不准轻易取出伤口内异物;不送,不准送回脱出体腔的内脏;不上药,不准用消毒剂或消炎粉上伤口。"四要":要快,对伤员特别是重伤员的急救要迅速敏捷;要准,包扎时部位要准确、严密,不遗漏疼痛和出血伤口;要轻,包扎动作应轻巧,不要碰撞伤口,以免增加出血量和疼痛;要牢,包扎要牢靠,不能过紧,以免妨碍血液流通,也不可过松,以防止药布脱落或移动,对需压迫止血者要包扎牢固。

(3)骨折处理:及时固定。固定时,动作要轻,松紧要适宜,不但要固定骨折上下两端,还要固定骨折部位的上下两关节,注意肢体血液的循环,以防组织坏死。

第二节　方向判定和行进方法

一、方向判定

在山地迷失方向后,应先登高远望,判断应往什么方向走,通常应往地势低的地方走。遇到岔路口多无法选择时,要走中间的那条道。

(一)利用太阳判定方向

1. 利用太阳判定方向

用一根标杆,使其与地面垂直,把一块石子放在标杆影子的顶点 A 处,约 10 分钟后,当标杆影子的顶点移动到 B 处时,再放一块石子,将 A、B 两点连成一条直线,这条直线的指向就是东西方向,与 AB 连线垂直的方向则是南北方向,向太阳的一端是南方。

2. 利用指针式手表判定方向

利用指针式手表对太阳的方法判定方向:把手表水平放置,将时针指示的(24 小时制)时间数减半后的位置朝向太阳,表盘上 12 点刻度所指的方向就是北方。例如现在时间是 16 时,则手表 8 时的刻度指向太阳,12 时刻度所指的方向就是北方。

(二)利用北极星判定方向

在夜间天气晴朗的情况下,寻找熊星座(即北斗星),沿着北斗星勺边 A、B 两颗星的连线,向勺口方向延伸约为 AB 两星间隔的 5 倍处一颗较明亮的星就是北极星,北极星所指的方向就是北方。

(三)利用地物特征判定方向

农村的房屋门窗和庙门通常朝南开。建筑物、土堆、田埂、高地的积雪通常是南边融化快,北边融化慢。大岩石、土堆、大树南面草木茂密,而北面则易生青苔。独立的树南面枝叶茂盛,树皮光滑。树桩上的年轮南面稀,北面密。

二、行进方法

在山地行进,应力求有道路不穿林翻山,有大路不走小路。如没有道路,可选择在纵向的山梁、山脊、山腰、河流、小溪边缘以及树高林稀、空隙大、草丛低疏的地形上行走,要力求走梁不走沟,走纵不走横。

行进时,能大步就不小步。疲劳时用慢步休息,但不要停下。攀登岩石时,要对岩石进行细致观察,慎重地鉴别岩石的质量和风化程度,确定攀登的方向和路线。

攀登岩石时,要使用"三点固定"法,即两手一脚或两脚一手固定后再移动剩余的一手或一脚。身体重心上移,手脚配合要好,避免两点同时移动,要稳、轻、快,根据自己的情况选择最合适的距离和稳固的支撑点,不能跨大步和抓、登过远的点。

攀登30°以下的山坡时,可沿直线上攀。攀登时身体稍向前倾,全脚掌着地,两膝弯曲,两脚外呈"八字"形,迈步不要过大。坡度大于30°时,一般采取"之"字形攀登路线。攀登时,腿微屈,上体前倾,内侧脚尖向前,全脚掌着地,外侧脚尖稍向外撇。在行进中不小心滑倒时,应立即面向山坡,张开两臂伸直两腿,脚尖翘起,使身体尽量上移,以减低滑行速度,这样就可以设法在滑行中寻找攀引和支撑物。不能面朝外坐,那样不但会滑得快,而且在较陡的斜坡上还容易翻入深谷,发生危险。

遇到河流时不要草率入水,要仔细观察后再确定渡河的地点和方法。山区河流通常水流湍急,水温低,河床坎坷不平。涉水时,应用一根杆子支撑在水的上游方向,或者手执15～20千克的石头,以保持身体平衡。集体涉水时,可三人或四人一排,彼此环抱肩部,身体强壮者位于上游方向。

第四章 火灾逃生及自救

第一节 火灾逃生的途径和方法

发生火灾后,人员能否迅速、安全地逃离火场,能否最大限度地避免和减少人员伤亡,除火场多种复杂条件和人的行为因素外,与火灾中人员逃生的途径和逃生的方法密切相关。选择正确的逃生途径,运用科学的逃生方法并根据不同场所、不同火灾的特点采取灵活机智的应急措施,方可化险为夷,安全撤离火场。

一、火灾逃生的途径

建筑物(构筑物)根据建设结构建设和设计功能的不同,其门、窗、走道、楼梯、阳台及其他安全疏散设施的形式、布局也有所区别。但无论何种形式、何种布局的安全疏散设施,逃生时都必须注意逃生的途径。

对于现实生活中的人们来说,在出入某幢建筑、某个场所之前,都应该养成对其内部结构,尤其是安全疏散设施有所了解的习惯。对旧居的民宅、单位办公场所,以至入住的宾馆、进出的商场、影剧院、歌舞厅等,首先要熟悉其内部的环境,弄清其安全疏散设施的布局和设置情况,留意观察太平门、避难间、安全出口的位置;其次要对报警器、消火栓、灭火器等灭火逃生设施器材的设置位置有所了解。一旦发生火灾,方可迅速、快捷地逃离火场,即便是在一处或多处被烟火封堵的情况下,也可以利用消防设施进行灭火自救或利用其他通道及安全出口逃生,做到有备无患。

二、火灾逃生的方法

(一)及时采取防烟防火措施

当身处某一场所,听到火灾报警信号或受到烟火刺激时,不论附近有无烟雾或火焰,均应立即采取防烟防火措施。在不了解火灾的情况下,试图盲目冲出去,这种做法是非常危险的。

常用防烟防火措施主要有以下几种:用干、湿毛巾或其他织物捂住口鼻,用水浇湿被褥披裹在身上或将身上衣服打湿等。

若用干毛巾,则宜多层折叠,折叠层越多,防烟效果越好。用湿毛巾防烟效果更佳,但毛巾的湿度应以不造成呼吸困难为宜。使用干、湿毛巾防烟时,一定要将口鼻捂严再穿过烟雾区,即使感到呼吸阻力很大,也不宜拿开毛巾,否则,有可能导致中毒。在穿越烟雾区的过程中,应当呈卧姿或者爬行,因为火灾时烟气、热气都是向上运动的,越靠近地面的地方空气则越为纯净。

若用湿被褥防火逃离火场时,应该浇湿被褥裹在身上,快速穿过着火区。值得注意的是,在打开身居房间的门、窗之前,一定要先用手触摸门、窗是否发热。如果已经发热,则不可打开,应迅速选择其他逃生路径,因为此时门、窗外极可能已充满烟火,打开后,烟火会立即涌入房间,使人员很快丧生。如果火在窗外燃烧,应将窗帘扯下,移开窗户周围所有可燃物,并不停向窗户上泼水,直至消防队来救护。如果门比较凉,说明门外尚未遭受烟火的侵袭,则可以小心打开少许房门,快速通过后,关闭房间门沿逃生通道逃生。

(二)进行自救和互救

1.利用救生绳自救

救生绳是上端固定悬挂,供人手握滑降的绳子。火灾中,将救生绳固定在阳台、窗户或其他物体上,沿救生绳逃离火场。

2.利用缓降器自救

缓降器是由挂钩(或吊环)、吊带、绳索及速度控制器等组成,供人靠自重缓慢滑降的安全救生装置。它可以由专用安装器具安装在建筑物窗口、阳台或平屋顶等处,火场人员可进行逃生自救。

3.利用救生袋自救

救生袋是两端开口的长条形袋状物,可供人从高处在其内部缓慢滑降。被困人员进入袋内后,依靠自重和人体的不同姿势来控制降落速度,缓慢降落至地面。

4.跳楼自救

下述两种跳楼自救方法,仅供人们参考,非到万不得已时,应尽量避免采取。

(1)休氏跳楼法。休氏跳楼法是休斯根据“软家具加重物”的原理在1991年提出的一种跳楼逃生自救方法。这个方法并不复杂,即在沙发、席梦思等物的下面,捆绑重物(捆绑重物的重量越大,安全系数越高),然后人蹲在上面,两手抓紧,从阳台或窗户处坠下。由于这种“人物联合体”的重心在下方,因而在上面的人不易翻转,底下又有软物,跳楼逃生获救的可能性比较大。

休氏跳楼法有三个重要的缺陷:一是,捆绑的重物一时难以找到;二是,捆绑重物需要时间,这在火势凶猛扑来时,常常变得不可能;三是,跳楼时往往需要多人的帮助,在火灾突然降临时,多数人只顾四处逃生,即时组织不太现实。

(2)杆棒跳楼法。杆棒跳楼法是西方的一位专家从美国人“支撑竹竿过河”的传统游戏竞赛中获得灵感,提出的一种跳楼逃生自救的方法。它只需要一根结实的比人稍长的杆棒即可,而且越结实越好。如果有条件,杆棒的两头应捆绑上重物。下跳时,人应将杆棒用手抱紧,两腿夹紧,双脚交叉相扣,如爬竹竿一样,头与手的上部及脚的下部务必留出一段距离,每头约50厘米。由于约80%的跳楼者落下时不是头着地,就是脚着地,因此,抱杆棒跳楼者多数是杆棒先接触地面。这种“硬碰硬”的跳楼方法可以大大减少身体的受伤害程度。

身处火场的人员在进行自救的同时,还应该力所能及地救助其他被困人员,使其他被困人员也免于火灾危害,这是灾难中表现出的一种崇高的行为。年轻力壮者应帮助老人、儿童,神志清醒者应帮助惊慌失措者等。

(三)紧急避险

在火灾中各种逃生途径完全被封堵的情况下,采取避难间避险也常常是保全性命的有效方法。

避难间是指在火灾中为使被困人员避开烟、火的威胁而设置的相对封闭的安全区域。避难间多设置于楼梯、电梯、卫生间附近,以及袋形走道的末端。发生火灾时,短时间无法撤离的人员,可被疏散到避难间,起到暂时的紧急避险的作用。

对于没有设置避难间的建筑物,或者疏散通道及其他的逃生路径已被烟火封堵,而无法逃生时,也不必惊慌。应尽可能地寻找一个烟雾不大的房间,关闭门窗,浇湿房间内可燃物,用湿床单、毛巾、布条等塞紧门缝。同时不停地向房间门浇水进行冷却,设法将门顶住,防止门外的热气流膨胀把门推开。另外,还应该利用打手电、向外扔东西、呼喊等方法向外界发出求救信号等待救援。一般情况下,在火灾发生后不久,消防人员和其他救护者会在很短的时间内赶到火场迅速展开救援工作,将被困者救出。

第二节　特定火灾现场的逃生与自救

一、商场(集贸市场)火灾逃生与自救

商场(集贸市场)是指向社会供应各类生产和生活所需商品的交易场所,主要包括百货商场(店)、商业大楼、贸易中心、购物中心、商城及大型集贸批发市场等。此类场所,装修、装饰豪华且使用大量易燃、可燃材料;商品高档、品种繁杂且存放物品众多。这些场所人员集中且流动量大,不仅极易诱发火灾,而且一旦着火燃烧,火势会迅速扩大蔓延,人员也极易引起混乱,造成疏散困难,以致带来较大的人员伤亡。

(一)商场(集贸市场)的火灾特点

商场(集贸市场)一旦发生火灾,火势猛烈,蔓延速度快,易形成立体燃烧,可燃物释放出大量有毒、有害气体,人员疏散非常困难。

(二)商场(集贸市场)的火灾逃生与自救方式

1. 利用安全疏散通道逃生

商场(集贸市场)的安全出口、室内楼梯、室外楼梯,有的还设有自动扶梯、消防电梯等,都是人员进行疏散逃生的重要设施。发生火灾后,尤其是火灾还处于初期阶段时,以上通道都可作为安全逃生的良好通道。在利用安全疏散通道进行火灾逃生时,应尽可能地抓紧楼梯护栏、扶手,稳步前进,以免被人群撞倒或从楼梯摔下。注意观察疏散通道上的各种疏散指示标志,并按照标志指引的方向撤离。不要乘坐普通电梯,因为发生火灾时,经常会出现停电、断电现象,以致电梯无法正常运行而被困其中。

2.利用自制器材逃生自救

商场(集贸市场)是物资高度集中的场所,储存有大量不同种类的商品,其中很多可作为火灾时的逃生工具加以利用。如可将毛巾、口罩及其他织物浸湿后捂住口、鼻用来防烟;利用布匹、床单、地毯、窗帘等结成绳索,一端固定后,从高处滑下。另外,大量的皮带、绳索、电缆线等也可作为安全绳来使用。而商场(集贸市场)经营的各种劳动保护用品,如安全帽、摩托车头盔、工作服等,都可以用作火灾逃生工具,避免烧伤或被坠物砸伤身体。

3.利用建筑附属设施逃生自救

发生火灾时,如果安全疏散通道已被火封堵,而身边又没有逃生器材无法逃离火场时,应充分利用建筑物本身的附属设施。如利用建筑物的落水管、房屋内外的突出部分、各种洞口以及建筑物的避雷线等,迅速转移到安全区域,再寻找机会逃生。在使用建筑物的附属设施进行逃生自救时,一定要胆大心细,切不可盲目行事,尤其是老、弱、病、残、妇、幼等人员,更要在保证安全的情况下,采取此种逃生自救措施。

4.寻找避难所逃生自救

商场(集贸市场)一旦发生火灾,往往火势猛烈,蔓延迅速。各种逃生途径在短时间会充满浓烟和烈火。身处火场的人员面临逃生无门的境地,在这种情况下,切不可坐以待毙,因为这种消极的行为只会给火灾中的人员带来死亡的后果。应积极寻找周围有无避难处所,如房间的阳台、楼层平顶等待救援;选择烟火难以进入的房间,关好门窗,堵塞间隙,利用房间内的水源将门窗和各种可燃物浇湿,以防止或减缓火势和烟雾向房间蔓延,为救援人员前来救援争取时间。同时应利用各种能够引起外界注意的方法,不断发出呼救信号,直到救援人员帮助自己脱离困境。

二、影剧院的火灾逃生与自救

影剧院(包括礼堂、俱乐部、游艺厅、录像厅等)是供人们开展多种文化活动和举行大型集会的公共娱乐场所。影剧院的主体建筑一般由舞台、观众厅、放映厅三大部分组成。形状多为长方形、圆形和扇形等。其建筑跨度大,空间大,结构复杂,电气设备多,有相当数量的可燃物,人员经常处于高度集中状态。

(一)影剧院的火灾特点

影剧院发生火灾后,火势猛烈,蔓延迅速,疏散困难,扑救难度大,容易造成群死群伤的恶性事故。

(二)影剧院的火灾逃生与自救方式

1.正确选择逃生路线

影剧院发生火灾时,身处火场人员应迅速、快捷地选择一种距安全出口距离最短、疏散速度最快的路线逃生,但不可选择穿插人流、逆流或与烟气流动反方向的路线。影剧院里都设有安全疏散通道和安全疏散指示标志,并装有门灯、壁灯、脚灯及照明灯等应急照明设备。火场人员一定要按照安全疏散指示标志引导的方向疏散,不要盲目乱跑,以免退避到死角而失去生还的机会。已经疏散到附近建筑物内的人员,要迅速利用其内部的疏散楼梯、消防电梯等疏散设施撤离到室外安全地带,以防止火势蔓延扩大再次被困。

由于影剧院发生火灾部位的不同,火场人员还应根据具体情况,选择以下逃生路径。

(1)当舞台发生火灾时,火灾蔓延的主要方向是观众厅。厅内不能及时疏散人员,要尽量靠近放映厅的一端掌握时机进行逃生。

(2)当观众厅发生火灾时,火灾蔓延的主要方向是舞台,其次是放映厅,逃生人员可利用舞台、放映厅和观众厅的各个出口迅速疏散。

(3)当放映厅发生火灾时,由于火势对观众厅的威胁不大,逃生人员可以利用舞台和观众厅的各个出入口进行疏散。

(4)发生火灾时,楼上的观众,可从疏散门下楼梯向外疏散。楼梯如果被烟雾阻隔,在火势不大时,可以从火中冲出。虽然人可能会受到点伤,但可避免生命危险。此外,还可就地取材,利用窗帘等自制救生器材,开辟疏散通道。

2.正确选择逃生的姿势

根据火场上烟气流动先占据上部而后充满整个空间的规律,在火灾的初期阶段,靠近地面的区域烟气和毒气比较稀薄,能见度相对于上方要高得多,因此,逃生时应采取低姿行走、探步前进的方法。若烟雾太浓,判断准方向后,应沿地面爬行,逃离火场。

3.注意事项

(1)人员在火灾逃生时,要听从影剧院工作人员的指挥,切忌互相拥挤、乱跑乱窜堵塞疏散通道,影响疏散速度,延误疏散时间。

(2)人员要尽量靠近承重墙或承重构件部位行走,谨防坠物砸伤。尤其是在观众厅,发生火灾时,切不可在大厅中央停留。

(3)被困者疏散到室外或其他安全地点后,一定要服从警戒人员的管理,千万不要因亲人仍被困或有贵重物品丢失在里面而重返火场。如有需求,应立即向救援人员反映。

三、歌舞厅的火灾逃生与自救

歌舞厅(包括夜总会、卡拉 OK 厅、多功能厅等)是人们进行娱乐活动的公共场所,主要由舞池、乐池、观众厅和休息厅等组成。歌舞厅营业时间大部分都是夜间,歌舞厅中人员集中,随意性大。装修装饰多采用易燃可燃材料。照明灯具多、电器多,用电量大。

(一)歌舞厅的火灾特点

歌舞厅发生火灾后,燃烧猛烈,蔓延迅速,产生大量有毒有害气体,建筑物易出现倒塌,极易造成人员伤亡。

(二)歌舞厅的火灾逃生与自救方式

1.及时采取防护措施

歌舞厅为使其内部装饰达到一定的效果,往往采用大量易燃可燃材料和高分子材料,燃烧时可产生大量的有毒有害气体,被困人员如不及时采取防护措施,就可能导致窒息或中毒死亡。因此,当确认已发生火灾时,无论有无烟雾和火焰,也无论身在何处,都必须及时采取防烟、防毒措施,避免烟气窒息或中毒死亡。

2. 逃生时必须保持冷静

由于进出歌舞厅的人员具有较大的随意性，人员众多，加上歌舞厅内灯光暗淡，发生火灾时容易造成人员拥挤混乱和挤伤踩伤事故，因此必须沉着、冷静，保持清醒的头脑，明辨安全疏散通道和安全出口的方向，采取必要的紧急避险措施，方可掌握主动，减少人员伤亡。

3. 选择切实可行的逃生路线

发生火灾时，应首先选择安全疏散通道和安全出口迅速逃生，但由于人为因素和内部管理方面的原因，目前仅有一个安全出口的歌舞厅仍大量存在。营业时间安全门落锁、疏散通道被堵塞的现象也时有发生，一旦出现火情，极易造成人员无法顺利通过而滞留火场。此时，一定要果断放弃从安全出口逃生的想法，选择房间窗户、建筑的外走道及其他路径逃生，切不可盲目从众，坐以待毙。

4. 采取有效的逃生措施

（1）对设在楼层底层的歌舞厅应直接从窗口跳出，或用手扒住窗台，身体下垂，尽量缩小与地面的高度，跳下后逃向安全地点。

（2）对于设在二至三层或高层建筑中的歌舞厅发生火灾时，应选择疏散通道、疏散楼梯、屋顶和阳台逃生。一旦这些逃生途径被火焰和浓烟封住，应利用窗帘、地毯等制成安全绳，进行滑绳自救，也可以选择建筑物的落水管、凸出部位或避雷线等设施，顺其滑下逃生。

（3）设在高层建筑中的歌舞厅发生火灾，且逃生通道已被烈火和浓烟封堵，又一时找不到辅助救生器材时，被困人员只有暂时逃向火势较小的地方，创造避难时间进行自救。但因歌舞厅的包房内一般缺少水源，紧急避险的时间会大大缩短，这时可通过各种方法向外发出救援信号，等待消防人员营救，一定不要盲目跳楼。

四、高层建筑的火灾逃生与自救

我国高层民用建筑设计防火规范规定10层及10层以上的居住建筑（包括首层设置商业服务网点的住宅）及建筑高度超过24米的公共建筑属于高层建筑。高层建筑以其主体建筑高、层数多、建筑形式多样、竖井管道多、功能复杂、人员密集、可燃物多、火灾荷载大等自身的特殊性，发生火灾时，人员的逃生与疏散比普通建筑难度大，遇难的概率也要比普通建筑高。

（一）高层建筑的火灾特点

高层建筑发生火灾时，热气流升腾快，内外蔓延迅速，容易形成立体火灾，人员疏散困难，极易造成人员伤亡。

（二）高层建筑的火灾逃生与自救方式

1. 充分利用建筑内部疏散设施

由于高层建筑自身的特殊性和复杂的火灾特点，在建筑设计和结构功能方面都有其特殊的要求，尤其是建筑内部的灭火自救和安全疏散设施，和普通建筑相比，设施更加齐全，功能更加完备。充分利用高层建筑内部的各种安全疏散设施，应作为其火灾时逃生自救的首选方法。但同时,还应有良好的心理素质,保持镇静和清醒,不盲目行动,不惊慌,力争在火灾初期阶段迅速安全地撤离火场。

(1)利用消防电梯进行疏散逃生。消防电梯是高层建筑内部火灾时进行垂直疏散的主要设施,也是消防队员进行火灾扑救和救援被困人员的主要设施,一般情况下,普通电梯在火灾时,常常因断电和不能防止烟雾侵入被迫停止使用,造成疏散人员被困其中或被浓烟毒气熏呛而窒息,而消防电梯具有防烟雾侵入和火灾后相当长时间内可正常使用的功能。

(2)利用室内防烟楼梯、封闭楼梯等疏散设施进行逃生自救。在高层建筑内部都设有防烟楼梯或封闭楼梯。防烟楼梯是通过前室或阳台、凹廊而后进入防烟或封闭楼梯间,因而烟火不能侵入,具有较好的防烟、防火效果。从以往的高层建筑火灾事故看,利用防烟楼梯、封闭楼梯进行逃生自救,是比较安全的。

(3)利用建筑物的阳台、走廊、观光楼梯、避难舷梯等疏散设施进行逃生与自救。当火场人员来不及由防烟楼梯、封闭楼梯疏散,或房间内充满烟雾时,可迅速转移到阳台进行呼救等待外援。也可在阳台地板上开设孔洞。该孔洞装有一个活动盖板,洞口下方设置有倾斜梯,沿避难舷梯可下到其他层或直接下到底层,这种阳台一般设置在建筑物各层袋形走道的尽端。在阳台范围内的墙部,除可以开设供人安全疏散的门洞外,不能开设其他洞口。

(4)利用缓降器、救生袋、安全绳或墙边落水管等器材和辅助设施进行逃生自救。当其他疏散通道都被大火封堵、无法安全撤离时,应利用缓降器、救生袋、安全绳或落水管等,沿其滑下逃生。如果绳索的长度不足以到达地面,可先下降到尚未起火的楼层,踢破玻璃进入安全的房间后迅速撤离到地面。

(5)利用避难层和避难区或其他安全疏散辅助设施逃生自救。在建筑高度超过100米的公共建筑内部,按规定都应设置避难层或避难区。避难层或避难区的设置为自高层建筑首层至第一个避难层或两个避难层之间,不宜超过15层。火灾情况下,如果建筑内人员集中,又远离地面,设有安全疏散设施一时得不到充分利用,大多数人不能疏散出来时,可进入避难层或避难区避险。另外,对于设置有屋顶直升机停机坪或供直升机求助设置的高层建筑可撤离到该建筑的顶层,等待救助。

2.进行自救和互救

根据高层建筑"立足自救"的原则,一般情况下,高层建筑发生火灾时,其内部的自动灭火设置是完全可以将火灾消灭在初期阶段的。但如遇特殊情况,火场人员则可以利用各楼层的消防器材设施进行灭火自救,如灭火器、室内消火栓等。总之,高层建筑发生火灾时,火场人员都要积极行动,不能坐以待毙。要充分利用身边的各种有利于逃生的自救器材设施,快速地撤出火场。同时,对老、弱、孕妇、儿童及不熟悉环境的人引导疏散,互相帮助,共同逃生。

五、地下建筑的火灾逃生与自救

地下建筑是指建筑在岩石上或土层中的军事、工业、交通和民用的建筑物。尤其是目前许多的人防工程被开发利用,成为商场、旅馆、电影院、游艺场、车库等,远远超过了它原有的设计使用范围。由于地下建筑室空间有限,通道狭窄且结构复杂,人员高度集中,发生火灾时,烟雾又容易很快弥漫整个空间,使人员疏散和火灾扑救面临很大困难。

(一)地下建筑火灾的特点

地下建筑发生火灾时,火场温度高、烟雾大、毒气重且不易散出,人员、物资疏散困难,火灾救护难度大。

(二)地下建筑的火灾逃生与自救方式

要树立有备方可无患的意识,随时做好逃生自救准备,凡进入地下建筑人员,一定要对其结构布局和内部安全疏散设施进行观察,熟悉安全疏散通道、安全出口及其他安全疏散设施的位置,以便发生火灾时能够迅速逃离火场。

地下建筑一旦发生火灾,要立即开启其内部排烟设施,迅速将烟雾排出室外,以降低火场温度和提高火中能见度。同时按照防火、防烟分区的设置,关闭防火门,降落防火卷帘,阻止火势蔓延或封闭窒息火灾。或者利用室内消火栓、灭火器等进行扑救,把初期火灾控制在最小范围内,最终将其扑灭。

在火灾初起时,地下建筑内的工作人员应及时引导疏散并在疏散过程中检查有无人员仍滞留在火场,逃生人员一定要服从工作人员的疏导,不可盲目乱跑,已逃离火场的人员不得再返回地下。逃生时,尽量采取低姿行进,不要做深呼吸,可能的情况下用湿毛巾或衣服捂口鼻,防止烟雾进入体内。一旦所有疏散通道被大火阻断,应尽量想办法延长生存时间,等待消防人员前来救援。

六、单元式居民住宅的火灾逃生与自救

单元式居民住宅是供人们居住、生活、休息的重要场所。主要由客厅、卧室、厨房、卫生间和阳台等部分组成。其建筑内部人员居住集中,家用电器多,易燃可燃物多,火灾负荷大,疏散通道狭窄,发生火灾的可能性大,发生火灾时人员逃生困难。

(一)单元式居民住宅的火灾特点

单元式居民住宅发生火灾时,火灾温度高,空气压力大,局部空间内火势猛烈,蔓延迅速;被困人员复杂,自救能力弱,疏散难度大。

(二)单元式居民住宅火灾逃生与自救方式

1.利用门窗逃生自救

单元式居民住宅发生火灾,在火势不大、还没有蔓延到整个住宅时,可利用门窗进行逃生自救。将被褥、毛毯或其他织物用水浇湿披在身上或裹住身体,采取低姿迅速冲出被困区域,或者将绳索一端固定在窗户的构件上,顺其滑下。也可用绳索系于小孩子或老人的两腋和腹部,沿窗放至地面。在没有绳索的情况下,可将床单、窗帘等撕成条状,自制逃生器材逃生。

2.利用阳台逃生自救

单元式居民住宅发生火灾,在火势较大、无法利用门窗逃生时,可利用阳台逃生,高层单元式住宅建筑从第七层开始每层相邻单元的阳台都是相互连通的。火灾受困时,可拆去阳台间的分隔物,从阳台进入另一单元后进入疏散通道逃生,当建筑中无连通阳台

而阳台又相距较近时,可将室内的床板或门板置于阳台之间搭桥通过。当楼道走廊充满浓烟无法通过时,可关闭与阳台相通的门窗,站在阳台上避难,同时向外界发出求救信号。

3.开辟避难空间逃生自救

单元式居民住宅发生火灾,当室内空间较大而火灾占地不大时,可开辟避难空间进行逃生自救。将卫生间、厨房或其他房间的可燃物清除干净,或将可燃物用水浇湿,同时,清除与此室相连室内的部分可燃物,消除明火对门窗的威胁,然后紧闭与此燃烧区相通的门窗,用湿布条堵塞门窗之间的缝隙,防止烟雾和有毒气体侵入,等待火势熄灭或消防人员的救援。

4.利用附属设施逃生自救

当单元式居民住宅的房间外墙壁上有落水管、供水管或避雷线等其他附属设施时,有自我逃生能力的人,可以利用这些附属设施进行逃生自救。

5.注意事项

(1)在火场中或有烟雾的室内撤离时,应尽量采取低姿前进,防止烟火对人体的侵害。

(2)在火灾逃生过程中,尽量避免携带物品,应迅速逃离火场,保证人员生命安全最为重要。

(3)要正确估计火灾发展和蔓延趋势,运用切实有效的逃生手段和措施,不得盲目采取行动。

(4)要做到火灾逃生、火灾报警和火场求救相结合,防止只顾逃生而不顾报警、呼救或只顾呼救而不顾逃生等,造成失去逃生或扑救火灾的最佳时机。

(5)以防万一,身居单元式住宅的居民,尤其是住楼房的居民,平时家中最好准备几根足够长的结实绳子。有孩子的家庭还应多准备几样东西,如滑轮、大号水桶、木箱子等。

第五章

地震基础知识及救护

第一节 地震基础知识

地球的结构就像鸡蛋,可分为三层。内层是"蛋黄"——地核,中间是"蛋清"——地幔,外层是"蛋壳"——地壳。地震一般发生在地壳之中和地幔的上部。地球在不停地自转和公转,同时地球内部也在不停地变化。由此而产生力的作用,使岩层变形、断裂、错动,于是便发生地震。

地震是地球内部介质局部发生急剧的破裂,产生地震波,从而在一定范围内引起地面震动的现象。地震就是地球表层的快速震动,在古代又称为地动。它就像刮风、下雨、闪电、山崩、火山爆发一样,是地球上经常发生的一种自然现象。大地震动是地震最直观、最普遍的表现。在海底或滨海地区发生的强烈地震,能引起巨大的波浪,称为海啸。地震是极其频繁的,全球每年发生地震约 500 万次,给人类生活造成很大影响。

当某地发生一个较大的地震时,在一段时间内,往往会发生一系列的地震,其中最大的一次地震叫作主震,主震之前发生的地震叫前震,主震之后发生的地震叫余震。

一、震级

震级是指地震的大小,是表示地震强弱的量度,它是根据地震仪对地震波所做的记录计算出来的。地震越大,震级的数字就越大,释放出来的能量也越大。震级通常用字母 M 表示。我国目前使用的震级标准,是国际上通用的里氏分级表,共分 9 个等级。通常把小于 2.5 级的地震称为弱震或微震,人无感觉,只有仪器能记录下来。超过 2.5 级的地震叫有感地震,超过 5.0 级的地震会造成破坏。地震相差一级,释放出的能量相差 32 倍;每相差两级,能量相差约 1 000 倍。比如说,一个 6 级地震释放的能量相当于美国投掷在日本广岛的原子弹所具有的能量。一个 7 级地震相当于 32 个 6 级地震,或相当于 1 000 个 5 级地震。5 级左右的地震叫作中震或中强震,大于 7 级的地震叫作大地震,而大于 8 级的地震被称为巨大地震。

二、地震烈度

同样大小的地震,造成的破坏不一定相同;同一次地震,在不同的地方造成的破坏也不一样。为了衡量地震的破坏程度,科学家又"制作"了另一把"尺子"——地震烈度。大多数国家根据各自情况制定本国的地震烈度表,我国将地震烈度分为12度。在中国地震烈度表上,对人的感觉、一般房屋震害程度和其他现象做了描述,可以作为确定烈度的基本依据。影响烈度的因素有震级、震源深度、距震源的远近、地面状况和地层构造等。

一般情况下,震级越大,震源越浅,地震烈度也越大。地震发生后,震中区的破坏最重,烈度最高,这个烈度称为震中烈度。从震中向四周扩展,地震烈度逐渐减小。一次地震只有一个震级,但它所造成的破坏,在不同的地区是不同的。也就是说,一次地震,可以划分出好几个烈度不同的地区,这与一颗炸弹爆炸后,近处与远处破坏程度不同的道理一样。

三、地震现象

地震发生时,最基本的现象是地面的连续震动,主要是明显的晃动。极震区的人在感到大的晃动之前,有时首先感到上下跳动。这是因为地震波从地下向地面传,纵波首先到达地面的缘故。横波接着产生大振幅的水平方向的晃动。这是造成地震灾害的主要原因。1960年智利大地震时,最大的晃动持续了3分钟。地震造成的灾害首先是破坏房屋和建筑物,造成人畜的伤亡。如1976年中国河北唐山地震中,70%～80%的建筑物倒塌,人员伤亡惨重。

地震对自然界景观也有很大影响。最主要的后果是地面出现断层和地裂缝。大地震的地表断层常绵延几十至几百千米,往往具有较明显的垂直错距和水平错距,能反映出震源处的构造变动特征。但并不是所有的地表断裂都直接与震源的运动相联系,它们也可能是由于地震波造成的次生影响。特别是地表沉积层较厚的地区、坡地边缘、河岸和道路两旁常出现地裂缝,这往往是由于地形因素,在一侧没有依托的条件下晃动使表土松垮和崩裂的缘故。地震的晃动使表土下沉,浅层的地下水受挤压会沿地裂缝上升至地表,形成喷沙冒水现象。大地震能使局部地形改变,或隆起,或沉降,使城乡道路开裂、铁轨扭曲、桥梁折断。在现代化城市中,地震不但会引起地下管道破裂和电缆被切断,而且还会造成停水、停电和通信受阻,煤气、有毒气体和放射性物质泄漏可导致火灾和毒物、放射性污染等次生灾害。在山区,地震还能引起山崩和滑坡,常造成掩埋村镇的惨剧。崩塌的山石堵塞江河,在上游形成地震湖,俗称堰塞湖。

第二节　避震常识

一、学校避震

学校应根据实际,制定预防地震预案,成立领导小组,并在全校师生中开展逃生自救演练。演练应做到有计划、有组织、有内容、有成效,一个学期不少于一次。重点应放在教室、寝室,因为这些地方是人员比较集中的地方,地震来临时极易造成人员伤亡。

演练过程中,学校领导和老师应成为学生的组织者和领导者,并充分利用学生干部,使整个演练过程做到有序进行,并防止发生意外,同时应反复向广大师生宣讲学校避震的以下原则。

(1)在操场或室外时,可原地不动蹲下,双手保护头部,注意避开高大建筑物或危险物。

(2)不要回到教室去。

(3)震后应当有组织地撤离。

(4)千万不要跳楼,不要站在窗外,不要到阳台上去。

(5)必要时应在室外上课。

二、家庭避震

地震预警时间短暂,室内避震更具有现实性,而室内房屋倒塌后形成的三角空间,往往是人们得以幸存的相对安全地点,可称其为避震空间。这主要是指大块倒塌体与支撑物构成的空间。室内易于形成三角空间的地方:炕沿下、坚固家具附近;内墙墙根、墙角以及厨房、厕所、储藏室等空间小的地方。

三、公共场所避震

听从现场工作人员的指挥,不要慌乱,不要拥向出口,要避免拥挤,要避开人流,避免被挤到墙壁或栅栏处。

在影剧院、体育馆等处,注意避开吊灯、电扇等悬挂物,用书包或其他物品保护头部,等地震过去后,听从工作人员指挥,有组织地迅速撤离。

在商场、书店、展览馆、地铁等处,要选择结实的柜台、商品(如低矮家具等)或柱子边,以及内墙角等处就地蹲下,用手或其他东西护头。避开玻璃门窗、玻璃橱窗或柜台,避开高大不稳或摆放重物、易碎品的货架,避开广告牌、吊灯等高耸或悬挂物。

在行驶的电(汽)车内时,应抓牢扶手,以免摔倒或碰伤。要降低重心,躲在座位附近,地震过去后再下车。

四、户外避震

地震发生时,应就地选择开阔地避震,蹲下或趴下,以免摔倒。不要乱跑,避开人多的地方,不要随便返回室内。应远离高大建筑物或构筑物,如楼房(特别是有玻璃幕墙的建筑)、过街天桥、立交桥、高烟囱、水塔等。避开危险物、高耸或悬挂物、变压器、电线杆、路灯、广告牌、吊车等。避开其他危险场所,如狭窄的街道、危旧房屋、危墙、高门脸、雨篷、砖瓦木料等物的堆放处。

五、车间避震

车间工人可以躲在车、机床及较高大设备下,不可惊慌乱跑。特殊岗位上的工人要首先关闭易燃易爆、有毒气体阀门,及时降低高温、高压管道的温度和压力,关闭运转设备。大部分人员可撤离工作现场,在有安全防护的前提下,少部分人员留在现场随时监视险情,及时处理可能发生的意外事件,防止次生灾害的发生。

六、行驶车辆的应急避震

地震发生时,司机应尽快减速,逐步刹闸。乘客(特别是在火车上时)应用手牢牢抓住拉手、柱子或座席等,并注意防止行李从架上掉下伤人。面朝行车方向的人,要将胳膊靠在前座席的椅垫上,护住面部,身体倾向通道,两手护住头部。背朝行车方向的人,要两手护住后脑部,并抬膝护腹,紧缩身体,做好防御姿势。

七、楼房内人员的应急避震

地震一旦发生,首先,要保持清醒、冷静的头脑,及时判别震动状况,千万不可在慌乱中跳楼,这一点极为重要。其次,可躲避在坚实的家具下或墙角处,也可转移到承重墙较多、空间小的厨房、厕所去暂避。因为这些地方结构强度大,尤其是管道经过处理,具有较好的支撑力,抗震系数较大。总之,震时可根据建筑物布局和室内状况,审时度势,寻找安全空间和通道进行躲避,减少人员伤亡。

八、商店(商场)内的应急避震

在商店(商场)遇到地震时,要保持镇静。由于人员慌乱,商品下落,可能使避难通道阻塞。此时,应躲在近处的大柱子和大商品旁边(避开商品陈列橱柜),或朝着没有障碍的通道躲避,然后屈身蹲下,等待地震平息。处于楼上位置,原则上向底层转移为好。但楼梯往往是建筑物抗震的薄弱部位,因此,要选准脱险的合适时机。有关人员要组织群众就近躲避,震后安全撤离。

九、高楼避震三大策略

1. 震时保持冷静,震后走到户外

这是避震的国际通用守则,国内外许多起地震实例表明,在地震发生的短暂瞬间,人们在进入或离开建筑物时,被砸死砸伤的概率最大。因此专家告诫,室内避震条件好的,首先要选择室内避震。如果建筑物抗震能力差,则尽可能从室内跑出去。

地震发生时先不要慌,保持视野开阔和机动性,以便相机行事。特别要牢记:不要滞留床上,不可跑向阳台,不可跑到楼道等人员拥挤的地方去,不可跳楼,不可使用电梯。若震时在电梯里应尽快离开,若门打不开要抱头蹲下。另外,要立即灭火断电,防止烧伤触电或发生火情。

2. 避震位置至关重要

住楼房避震,可根据建筑物布局和室内状况,审时度势,寻找安全空间躲避,最好找一个可形成三角空间的地方。蹲在暖气旁较安全,暖气的承载力较大,金属管道的网络性结构和弹性不易被撕裂,即使在地面大幅度晃动时也不易被甩出去;暖气管道通气性好,不容易造成人员窒息;管道内的存水还可延长存活期。更重要的一点是,被困人员可采用击打暖气管道的方式向外界传递信息,而暖气靠外墙的位置有利于最快获得救助。

需要特别注意:当躲在厨房、卫生间这样的小空间时,应尽量离炉具、煤气管道及易破碎的碗碟远一些。若厨房、卫生间处在建筑物的犄角旮旯里,且隔断墙为薄板墙时,就不要把它选择为最佳避震场所。此外,不要钻进柜子或箱子里,因为人一旦钻进去后便立刻丧失机动性,视野受阻,四肢被缚,不仅会错过逃生机会,还不利于被救;躺卧的姿势也不好,人体的平面面积加大,被击中的概率要比站立大5倍,而且很难机动变位。

3.近水不近火,靠外不靠内

这是确保在城市震灾中获得他人及时救助的重要原则。不要靠近煤气灶、煤气管道和家用电器;不要选择建筑物的内侧位置,尽量靠近外墙,但不可躲在窗户下面;尽量靠近水源处,一旦被困,要设法与外界联系,除用手机联系外,可敲击管道和暖气片,也可打开手电筒。

十、避震五原则

1.抓紧时间,分秒必争

抓紧时间紧急避险。如果感觉晃动很轻,说明震源比较远,只需躲在坚实的家具旁边就可以。大地震从开始到震动过程结束,时间不过十几秒到几十秒,因此抓紧时间进行避震最为关键,不要耽误时间。

2.因地制宜,正确抉择

因地制宜,就是要考虑身处平房还是楼房,地震发生在白天还是晚上,房子是不是坚固,室内有没有避震空间,你所处的位置离房门远近,室外是否开阔、安全。正确抉择就是要选择合适的避震空间。室内较安全的避震空间有承重墙墙根、墙角,有水管和暖气管道等处。室内最不利避震的场所:没有支撑物的床上,吊顶、吊灯下,周围无支撑的地板上,玻璃(包括镜子)和大窗户旁。

3.行动果断,切忌犹豫

避震能否成功,就在千钧一发之际,决不能瞻前顾后,犹豫不决。如住平房避震时,更要行动果断。或就近躲避,或紧急外出,切勿往返。

4.伏而待定,不可疾出

古人在《地震录》里曾记载:“卒然闻变,不可疾出,伏而待定,纵有覆巢,可冀完卵。”意思就是说,发生地震时,不要急着跑出室外,而应抓紧求生时间寻找合适的避震场所,采取蹲下或坐下的方式,静待地震过去,这样即使房屋倒塌,人亦可安然无恙。

5.做好自我保护

地震发生时,首先要镇静,选择好躲避处后,应蹲下或坐下,脸朝下,额头枕在两臂上,或抓住桌腿等身边牢固的物体,以免震时摔倒或因身体失控移位而受伤;保护头颈部,低头,用手护住头部或后颈;保护眼睛,低头、闭眼,以防异物伤害;保护口鼻,有可能时,可用湿毛巾捂住口鼻,以防灰土、毒气。

震时是跑还是躲,我国多数专家认为:震时就近躲避,震后迅速撤离到安全地方,是应急避震较好的办法。避震应选择室内结实、能掩护身体的物体下(旁)、易于形成三角空间的地方,以及空间小、有支撑的地方,身体应伏而待定,蹲下或坐下,尽量蜷曲身体,降低身体重心。抓住桌腿等牢固的物体,要保护头颈、眼睛,掩住口鼻。紧急疏散时要避开人流,不要乱挤乱拥,不要随便点明火,因为空气中可能有易燃易爆气体。

第三节　地震救护知识

震后很可能有余震,而且余震的位置未必是震源很近的位置。所以学习地震知识对地震后自救或救人十分重要。地震发生时,至关重要的是要有清醒的头脑、镇静自若的态度。只有镇静,才有可能运用平时学到的地震知识判断地震的大小和远近。近震常以上下颠簸开始,之后才左右摇摆。远震缺少上下颠簸感觉,而以左右摇摆为主,而且声音脆、震动小。一般小震和远震不必外逃。

一、震后自救

地震时如被埋压在废墟下,周围又是一片漆黑,只有极小的空间,你一定不要惊慌,要沉着,树立生存的信心,相信会有人来救你,要千方百计保护自己。地震后,往往还有多次余震发生,处境可能继续恶化,为了免遭新的伤害,要尽量改善自己所处环境。此时,如果应急包在身旁,将会为你脱险起很大作用。在这种极不利的环境下,先要保护呼吸畅通,挪开头部、胸部的杂物,闻到煤气、毒气时,用湿衣服等物捂住口鼻;避开身体上方不结实的倒塌物和其他容易引起掉落的物体;扩大和稳定生存空间,用砖块、木棍等支撑残垣断壁,以防余震发生后,环境进一步恶化。

1. 设法脱离险境

如果找不到脱离险境的通道,应尽量保存体力,用石块敲击能发出声响的物体,向外发出呼救信号。不要哭喊、急躁和盲目行动,这样会大量消耗精力和体力。要尽可能控制自己的情绪或闭目休息,等待救援人员到来。如果受伤,要想办法包扎,避免流血过多。

2. 维持生命

如果被埋在废墟下的时间比较长,救援人员未到,或者没有听到呼救信号,就要想办法维持自己的生命。防震包的水和食品一定要节约,尽量寻找食品和饮用水,必要时自己的尿液也能起到解渴作用。

二、强震过后的救护

地震是一瞬间发生的,任何人都应先保存自己,再展开救助。先救易,后救难;先救近,后救远。

地震发生后,应积极参与救助工作,可将耳朵靠墙,听听是否有幸存者声音。使伤者先暴露头部,保持呼吸畅通,如有窒息,立即进行人工呼吸。救护时一旦被埋压,要设法避开身体上方不结实的倒塌物,并设法用砖石、木棍等支撑残垣断壁,加固环境。

最新自救建议:不要躲在桌子下。

日本的《地震手册》避震知识十条中,第一条就明确地写着"要躲在坚固的家具下"。"藏在桌下"这个想法是以日本地震多在数十秒后结束,天花板不会落下为前提的。但地震时建筑物天花板因强震倒塌时,会将桌、床等家具压毁,人如果躲在其下,后果不堪设想。如果人以低姿势躲在家具旁,家具可以先承受倒塌物品的重量,让一旁的人取得生存空间。

开车遇到地震时,要赶快离开车子。很多地震时在停车场丧命的人,都是在车内被活活压死,在两车之间的人,却毫发未伤。发生强烈地震时,如果你正在停车场,千万不要留在车内,以免垮下来的天花板压扁汽车,造成伤害。应该以卧姿躲在车旁,掉落的天花板压在车上,不致直接撞击人身,可能形成一块生存空间,增加存活机会。

三、震后互救

震后,外界救灾队伍不可能立即赶到救灾现场,在这种情况下,为使更多被埋压在废墟下的人员获得宝贵的生命,灾区群众积极投入互救,是减轻人员伤亡最及时、最有效的办法,也体现了"救人于危难之中"的崇高美德。

抢救时间越及时,获救的希望就越大。据有关资料显示,震后20分钟获救的救活率达98%以上,震后1小时获救的救活率下降到63%,震后2小时还无法获救的人员中,窒息死亡人数占死亡人数的58%。他们不是在地震中因建筑物垮塌砸死的,而是窒息死亡,如能及时救助,是完全可以获得生命的。唐山大地震中有几十万人被埋压在废墟中,灾区群众通过自救、互救使大部分被埋压人员重新获得生命。由灾区群众参与的互救行动,在整个抗震救灾中起到了无可替代的作用。

四、施救和护理

1. 救人的方法

应根据震后环境和条件的实际情况,采取行之有效的施救方法。目的就是将被埋压人员安全地从废墟中救出来。

通过了解、搜寻,确定废墟中有人员埋压后,判断其埋压位置,用向废墟中喊话或敲击等方法传递营救信号。

营救过程中,要特别注意埋压人员的安全。一是使用的工具(如铁棒、锄头、棍棒等)不要伤及埋压人员;二是不要破坏了埋压人员所处空间周围的支撑条件,引起新的垮塌,使被埋压人员再次遇险;三是应尽快与埋压人员的封闭空间沟通,使新鲜空气流入,挖扒中如尘土太大应喷水降尘,以免被埋压者窒息;四是埋压时间较长、一时又难以救出时,可设法向被埋压者输送饮用水、食品和药品,以维持其生命。

在进行营救行动之前,要有计划、有步骤,哪里该挖,哪里不该挖,哪里该用锄头,哪里该用棍棒,都要有所考虑。

过去曾发生过救援人员盲目行动,踩塌被埋压者头上的房盖砸死被埋人员的情况,因此在营救过程中要有科学的分析和行动,才能收到好的营救效果,盲目行动,往往会给营救对象造成新的伤害。

2. 护理

先将被埋压人员的头部从废墟中暴露出来,清除口鼻内的尘土,以保证其呼吸畅通。对于伤害严重、不能自行离开埋压处的人员,应该设法小心地清除其身上和周围的埋压物,再将被埋压人员抬出废墟,切忌强拉硬拖。

对饥渴、受伤、窒息较严重,埋压时间又较长的人员,被救出后要用深色布料蒙上眼睛,避免强光刺激;对伤者,应根据受伤轻重,进行包扎或送医疗点抢救治疗。

第四节　预防地震　常备不懈

一、平时准备工作

1. 自己家的安全对策

平时的准备工作,目的是发生地震时将损害控制在最小的程度。具体做法如下。

(1)对大衣柜、餐具柜橱、电冰箱等做好固定,防止倾倒。

(2)在餐具柜橱、窗户等的玻璃上粘上透明薄膜或胶布,以防止地震时玻璃破碎,四处飞溅。

(3)为防止因地震的晃动造成柜橱门敞开,里面的物品掉出来,在柜橱、壁橱的门上安装合叶加以固定。

(4)不要将电视机、花瓶等放置在较高的地方。

(5)为防止散乱在地面上玻璃碎片伤人,平时准备好较厚实的拖鞋。

(6)注意家具的摆放,确保安全的空间。

(7)充分注意煤油取暖炉等用火器具及危险品的管理和保管。

(8)加固水泥预制板墙,使其坚固不易倒塌。

2. 紧急备用品准备

平时应配备足够的备用品,如饮用水、食品、婴儿奶粉、急救医药品、便携式收音机、手电筒、干电池、现金、贵重品、内衣裤、毛巾、手纸等。

3. 建立日常邻里互助协作机制

社区居民应积极参加市民防灾组织,接受防灾训练。从平时起,邻里之间就应建立起一旦有事互助协作的机制。特别是发生大地震时,会在很大的区域内造成灾害,交通、通信等基础设施也会遭到不同程度的破坏,消防车、救护车不可能随叫随到,救护队也不可能随时赶到。在这种情况下,当地居民间的互救互助就显得格外重要。

二、临震应急准备

在已发布破坏性地震临震预报的地区,应做好下述几个方面的应急工作。

1. 备好临震急用物品

地震发生之后,食品、医药等日常生活用品的生产和供应都会受到影响,水塔、水管往往被震坏,造成供水中断。为能渡过震后初期的生活难关,临震前社会和家庭都应准备一定数量的食品、水和日用品,以解燃眉之急。

2. 建立临震避难场所

住的问题也是一件大事。房舍被震坏,需要有安身之处,余震不断发生,要有一个躲藏处,这就需要临时搭建防震、防火、防寒、防雨的防震棚。各种帐篷都可以利用,农村储粮的小圆仓也是很好的抗震房。

3. 划定疏散场所,转运危险物品

城市人口密集,人员避震和疏散比较困难,为确保震时人员安全,震前要按街、区分布,就近划定群众避震疏散路线和场所。震前要把易燃、易爆和有毒物质及时转运到城外存放。

4. 设置伤员急救中心

在城内抗震能力强的场所,或在城外设置急救中心,备好床位、医疗器械、照明设备和药品等。

5. 暂停公共活动

得到正式临震预报通知后,各种公共场所应停止活动,观众或顾客要有秩序地撤离;中、小学校可临时在室外上课;车站、码头可在露天候车。

6. 组织人员撤离并转移重要财产

如果得到正式临震警报或通知,要迅速而有秩序地动员和组织群众撤离房屋。正在治疗的重病号要转移到安全的地方,对少数思想麻痹的人,也要动员到安全区。农村的大牲畜、拖拉机等生产资料,临震前要妥善转移到安全地带,机关、企事业单位的车辆要开出车库,停在空旷地方,以便在抗震救灾中发挥作用。

7. 防止次生灾害的发生

城市发生地震时可能出现严重的次生灾害。对化工厂、煤气厂等易发生地震次生灾害的单位,要加强监测和管理,设专人昼夜站岗和值班。

8. 确保机要部门的安全

城市内各种机要部门和银行较多,地震时要加强安全保卫,防止国有资产损失和机密泄漏。消防队的车辆必须出库,消防人员要整装待发,以便及时扑灭火灾,减少经济损失。

9. 组织抢险队伍,合理安排生产

临震前,各级政府要就地组织好抢险救灾队伍(救人、医疗、灭火、供水、供电、通信等)。必要时,某些工厂应在防震指挥部的统一指令下暂停生产或低负荷运行。

10. 做好居民家庭防震准备

在已发布地震预报地区,居民须做好家庭防震准备,制订一个家庭防震计划,检查并及时消除家里不利防震的隐患。

(1)检查和加固住房。对不利于抗震的房屋要加固,不宜加固的危房要撤离。对于笨重的房屋装饰物如女儿墙、高门脸等应拆掉。

(2)合理放置家具、物品。固定好高大家具,防止倾倒砸人;牢固的家具下面要腾空,以备震时藏身;家具物品摆放要做到"重在下,轻在上";墙上的悬挂物要取下来或固定住,防止掉下来伤人;清理好杂物,让门口、楼道畅通;阳台护墙要清理,拿掉花盆、杂物;易燃易爆和有毒物品要放在安全的地方。

(3)准备好必要的防震物品。如准备一个包括食品、水、应急灯、简单药品、绳索、收音机等在内的家庭防震包,放在便于取到处。

(4)进行家庭防震演练。进行紧急撤离与疏散练习,以及"一分钟紧急避险"练习。

第五节　震时防护常识

一、摇晃时立即关火，失火时立即灭火

大地震时，常会有不能依赖消防车来灭火的情形。因此，我们每个人关火、灭火的这种努力，是能否将地震灾害控制在最低程度的重要因素。

为了不使火灾酿成大祸，从平时就养成即便是小的地震也关火的习惯。家里人自不用说，左邻右舍之间也应互相帮助，早期灭火是极为重要的。

地震的时候，关火的机会有三次。

1. 第一次机会

在大的晃动来临之前的小的晃动之时，在感知小的晃动的瞬间，即刻互相招呼："地震，快关火！"关闭正在使用的取暖炉、煤气炉等。

2. 第二次机会

在大的晃动停息的时候，在发生大的晃动时去关火，放在煤气炉、取暖炉上面的水壶等滑落下来，那是很危险的。大的晃动停息后，再一次呼喊："关火！关火！"并去关火。

3. 第三次机会

在着火之后，即便发生失火的情形，在 1～2 分钟之内，火还是可以被扑灭的。为了能够迅速灭火，请将灭火器、消防水桶经常放置在离用火场所较近的地方。

二、不要慌张地向户外跑

地震发生后，慌慌张张地向外跑，碎玻璃、屋顶上的砖瓦、广告牌等掉下来砸在身上，是很危险的。此外，水泥预制板墙、自动售货机等也有倒塌的危险，不要靠近这些物体。

三、将门打开，确保出口

钢筋水泥结构的房屋等，由于地震的晃动会造成门窗错位，打不开门，曾经发生有人被封闭在屋子里的事例。发生地震时应尽快将门打开，确保出口。平时还要事先想好万一被关在屋子里如何逃脱的方法，准备好梯子、绳索等。

四、户外场合要保护好头部，避开危险之处

当大地剧烈摇晃，站立不稳的时候，人们都会有扶靠、抓住什么东西的心理。身边的门柱、墙壁大多会成为扶靠的对象。但是，这些看上去挺结实牢固的东西，实际上却是危险的。在 1987 年日本宫城县海底地震时，由于水泥预制板墙、门柱的倒塌，曾经造成过多人死伤，所以发生地震时，务必不要靠近水泥预制板墙、门柱等躲避。

在繁华街、楼区，最危险的是玻璃窗、广告牌等物掉落下来砸伤人。要注意用手或手提包等物保护好头部。此外，还应该注意自动售货机翻倒伤人。在楼区时，根据情况，进入建筑物中躲避比较安全。

五、在商场、商店、剧场时依工作人员的指示行动

在商场、商店、剧场等人员较多的地方,最可怕的是发生混乱。应依照商店职员、警卫人员的指示来行动。就地震而言,据说地下街是比较安全的。即便发生停电,紧急照明电也会即刻亮起来。如发生火灾,即刻会充满烟雾。以压低身体的姿势避难,并做到尽量不吸进烟雾。

在发生地震、火灾时,不能使用电梯。万一在搭乘电梯时遇到地震,将操作盘上各楼层的按钮全部按下,一旦停下,迅速离开电梯。一般情况下,电梯都装有管制运行的装置。地震发生时,会自动动作,停在最近的楼层。万一被关在电梯中,可通过电梯中的专用电话与管理室联系求助。

六、汽车靠路边停车,管制区域禁止行驶

发生大地震时,汽车会像轮胎泄了气似的,无法把握方向盘,难以驾驶。必须尽快避开十字路口将车子靠路边停下。为了不妨碍避难疏散的人群和紧急车辆的通行,要让出道路的中间部分。

发生地震后,都市中心地区的绝大部分道路将会全面禁止通行。这时驾车要注意汽车收音机的广播,附近有警察的话,要依照其指示行事。有必要避难时,为不致卷入火灾,请把车窗关好,车钥匙插在车上,不要锁车门,并和当地的人一起行动。

七、务必注意山崩、断崖落石或海啸

在山边、陡峭的倾斜地段,有发生山崩、断崖落石的危险,应迅速到安全的场所避难。在海岸边,有遭遇海啸的危险。感知地震或收到海啸警报的话,应迅速转移到高处安全的场所避难。

八、避难时要徒步,携带物品应在最少限度

当地震造成的火灾,出现危及生命、人身安全等情形时,避难的方法,原则上以市民防灾组织、街道等为单位,在负责人及警察等带领下采取徒步避难的方式,携带物品应在最少限度。绝对不能利用汽车、自行车避难。对于病人等的避难,当地居民的合作互助是不可缺少的。从平时起,邻里之间有必要在事前就避难的方式等进行商定。

九、不要听信谣言,不要轻举妄动

在发生大地震时,人们心理上易产生动摇。为防止混乱,每个人依据正确的信息,冷静地采取行动,极为重要。要相信从政府、警察、消防等防灾机构直接得到的信息,决不轻信不负责任的流言蜚语,不要轻举妄动。

第六节　相信科学　不轻信谣言

一、如何甄别地震谣言

第一,要正确认识国内外当前地震预报的实际水平。人类目前做出的较大时间尺度的中长期预报已有一定的可信度,但短期预报和临震预报的成功率还相对较低。第二,要明确在我国发布地震预报的权限在政府,任何其他单位或个人都无权发布地震预报消息。对待地震谣传,要做到不相信、不传播、及时报告。第三,学习地震常识,消除恐震心理。

二、地震谚语

牛马驴骡不进厩,猪不吃食拱又闹;
羊儿不安惨声叫,兔子竖耳蹦又跳;
狗上房屋狂吠嚎,家猫惊闹往外逃;
鸡不进窝树上栖,鸽子惊飞不回巢;
老鼠成群忙搬家,黄鼠狼子结队跑;
冰天雪地蛇出洞,冬眠动物复苏早;
青蛙蛤蟆细无声,鱼翻白肚水上跃;
野鸡乱叫怪声啼,蝉儿下树不鸣叫;
园中虎豹不吃食,金鱼出缸笼鸟吵。

第六章 核生化武器防护

第一节 核武器、核事故及其防护

一、核武器及其防护

(一)核武器简述

核武器(又称原子武器)是利用原子核瞬间释放出的巨大能量起杀伤破坏作用的武器。原子弹、氢弹和中子弹等统称核武器。核武器可用导弹、火箭、飞机、舰艇、潜艇等运载工具发射、投掷,还可制成地雷、鱼雷使用。

核武器的威力用"TNT 当量"(简称当量)来表示。TNT 当量是指核武器爆炸时释放的能量相当于多少吨 TNT 炸药爆炸时释放的能量。例如,一颗原子弹爆炸时所释放出的能量相当于 2 万吨 TNT 炸药爆炸时放出的能量,那么,该原子弹的威力就为 2 万吨当量。

核武器是人类历史上破坏性最大、最残酷的武器。1945 年 8 月 6 日和 8 月 9 日,美国向日本的广岛和长崎投掷了两颗原子弹,在闪爆的刹那间,繁华的街市变成了一片焦土。从此,人类便处于核威胁之下。

核武器的杀伤破坏因素有光辐射、冲击波、早期核辐射、核电磁脉冲和放射性沾染五种。前四种是在核爆炸几十秒内起作用的,统称为瞬间杀伤破坏因素。这五种杀伤破坏因素在核武器爆炸总能量中所占的比例一般是光辐射约占35%,冲击波约占50%,早期核辐射约占5%,放射性沾染约占10%,核电磁脉冲所占比例很小。从很远的地方看爆炸时,先看到闪光、火球,再听到巨响,看到有不断升起的蘑菇状烟云,最后烟云沿下风向飘散消失。城市一般遭核袭击的方式是空爆,可以看到完整的火球。当远处看不到圆火球,火球与地面不接触,即核弹接地面爆炸,就叫地爆。地爆的瞬间时破坏范围小,但很严重,放射性沾染范围大、危害时间长。当今世界,核武器仍具有重大的战略威慑作用。

(二)对核爆炸瞬时杀伤因素的防护

1.核爆炸瞬时杀伤因素的杀伤特点

(1)光辐射。光辐射也称热辐射,是核爆炸的闪光以及高温火球辐射出来的强光和热。火球中心温度可达几千万度,比照射到地球上的太阳光强千万倍,不断地以光和热的形式向外辐射能量。光辐射以光速沿直线向四周传播,其作用时间大约为几秒到几十秒。光辐射能灼伤人员的皮肤,造成眼角膜和视网膜灼伤,闪光可引起闪光盲,吸入炽热空气可导致呼吸道烧伤;光辐射还能使物体熔化、灼焦、炭化和燃烧,形成大面积火灾,造成人员间接损伤。

(2)冲击波。冲击波是核爆炸瞬时形成的高温高压气流。它是核武器的主要毁伤因素。冲击波从爆心以超音速向四周传播,作用时使空气迅速流动形成动压。冲击波对人员可造成直接杀伤和间接杀伤。直接杀伤是超压对人体及其肠胃、心脏、肺部的挤压作用和动压对人体的抛掷和撞击作用。间接杀伤是冲击波破坏的倒塌建筑物或抛掷物体对人员的伤害作用。

(3)早期核辐射。早期核辐射是指在核爆炸最初十几秒辐射出来的人眼看不见的γ射线和中子流。它是接近光速呈直线传播的。当发现闪光时,人员已受到射线的作用了;早期核辐射能像X射线那样穿透人体和物体,能穿透几千米的空气层。当射线照射人体,杀死细胞达一定程度时,受害人员就会得放射病;照射到土壤、食盐、碱、食品和某些金属器具上,还会使这些原来没有放射性的物质产生放射性,也能对人员造成伤害。早期核辐射能使光学玻璃变暗、胶卷感光、化学药品失效,并能影响电子仪器的性能。

(4)核电磁脉冲。核电磁脉冲是核爆炸瞬间产生的一种强电磁波。它与自然界的雷电十分相似,其作用半径随爆炸高度升高而增大。百万吨当量的核弹在几百千米的高空爆炸,地面上其他杀伤破坏效应范围很小,但核电磁脉冲的影响危害半径可达几千千米。它能消除计算机内存储的信息,使自动控制系统失灵,使无线通信器材和家用电器受到干扰和损坏,但它对人员没有直接杀伤作用。

2.人防工程能防护各种杀伤因素

人防工程深入地下,具有抗力高、防核生化武器性能全面、可长期使用等特点。只要核武器不直接命中,人员在人防工程内是安全的。因此,对核袭击的最好防护措施是进入人防工程。在战时,人们利用人防工程,能坚持生活与工作。在平时,城市发生地震、毒气泄露等突发性事故时,人员也能利用人防工程应急防护。

3.室内防护

室内人员发现核爆炸闪光时,应立即在墙的内拐角或墙根处卧倒,最好跪趴在靠近墙角的桌下,也可以在较小的房间或门框处躲避。掩蔽位置应避开门窗和易燃易爆物,以免造成间接伤害。尤其要避免被抛出的玻璃碎片击伤,待瞬时杀伤因素过后,可采用个人防护办法防止放射性灰尘沾染或迅速进入人防工程。

4.室外防护

对于来不及进入人防工程和其他掩蔽场所的室外人员,发现核闪光后应立即就近利用地形地物进入防护。

暴露人员防护动作要领:立即背向爆心卧倒,双手交叉垫胸前,脸部尽量夹于两臂之间,两肘前伸,双腿伸直并拢,闭眼、闭口、停止呼吸15~20秒。就近利用土丘、矮墙、花坛等地形地物防护,如较小的可面向爆心,较大的可横向爆心卧倒,也可利用沟、坑、渠等地形防护(方法是立即跃入坑内,跪、坐或卧于坑内,双手掩耳,闭眼、闭口,暂停呼吸)。在防护时应避开高大建筑物、高压电线及易燃易爆物。戴上防毒面具或口罩,披上防毒斗篷或雨衣、塑料布,按人防指示,转移出沾染地域或就近进入人防工程掩蔽。

（三）对放射性沾染的防护

1. 核爆炸沾染区的特点

放射性沾染是指核爆炸时产生的放射性物质对人员、动物、植物、地面、水、空气和物体等所造成的沾染。放射性沾染对人体的伤害途径多。放射性物质能不断放出 α、β、γ射线。沾染区人员会受到体外照射伤害，沾染的空气、食物和水进入人体可引起人体内照射伤害。放射性物质接触到人的皮肤，可引起皮肤灼伤。放射线只能用侦察仪器才能发现和测量；放射性物质只能用扫除或冲洗的方法从地面或物体上除去。地爆时造成地面放射性沾染程度分布极不均匀、范围大、持续作用时间长，可持续几天、几个月，甚至更长时间，对人员行动安全有严重影响。水、粮食、食品等沾染后无法直接食用。还能污染环境，影响生物链的正常发展。

2. 利用人防工程和密闭建筑物防护

由于人防工程对核武器的各种杀伤因素都有防护作用，所以对已经在工程内掩蔽的人员，严格遵守工程使用规则，听从人防管理人员的指挥，就能保障安全。

一般建筑物围墙越厚、暴露临空墙的面积越小、密封性越好时，对放射性沾染的防护效果就越好。地下室、地窖、山洞等，经密封处理后其防放射性效果更好。

3. 个人防护方法

人员防放射性体外照射，主要靠人防工程和厚重材料屏蔽遮挡。为防止放射性灰尘沉降时随呼吸道进入人体内和降落到人的皮肤上，要及时戴上防尘口罩或防毒面具，披上防毒斗篷或雨衣、塑料布，并扎好领口、袖口、裤口。室内人员应立即关好门窗，贴好密封条，堵住孔口，密封食品、饮水。为减轻照射和沾染的伤害，还应提前服用预防药物，如口服碘化钾等。在沾染区行动应尽量减少与污染的地面、物体接触，缩短停留时间，避免扬起灰尘，并视情况拍打掉身上的灰尘，进行洗消。

（四）对放射性沾染的清除

当人员或物体受到放射性物质的沾染后，必须采用一定的方法清除沾染，以减轻射线对人员的继续伤害。

当人员遭受沾染后，要及时清除皮肤和服装上的放射性灰尘。清除服装上放射性灰尘的方法是自己或互相拍打和抖拂服装，要领是拍打和抖拂人员站在上风或侧上风方向，按照自上而下、先外后里的顺序拍打，抖拂 30～40 次。抖拂时，应抓住沾染服装的两肩或裤腰，按"上提要轻，下甩要重"的原则用力向下抖动。拍打、抖拂完毕，方可卸掉面具、口罩、手套等。面部、耳窝、颈部和双手等处的污染灰尘，可用干布或湿毛巾擦拭。有条件时，再进行全身沐浴，并更换清洁服装。

对道路、地面沾染灰尘的清除视具体情况，采取铲除、扫除或水冲洗等方法。

对物品沾染的灰尘，要根据物品的性质和沾染的轻重来确定，一般可用扫刷、清水洗等。

粮食、蔬菜沾染灰尘的清除，与包装方法有关，对包装密封的粮食，只需对包装进行清除；对包装不好的粮食，宜采用去除表层和水洗的方法进行清除；对蔬菜、水果，主要是采用清水冲洗和剥皮的方法进行清除；对馒头等熟食，可剥掉其表皮进行清除；对饮用水,可采用土壤净化、过滤或吸附凝沉方法进行净化处理。处理过的粮食和水等均应经检查合格后方可食用。

误食了受污染食物和水时,必须尽早处理。可采取催吐、洗胃、多喝水、利尿法排出。有条件时,可按医生要求服吸附剂、缓泻剂,加快放射性物质的排出。

学习核武器的基本知识和有关防护方法,不仅适用于对付核袭击,在平时也有可能用到。随着科学技术的发展,和平利用原子能日益广泛,各种核反应堆、核电站及同位素生产和应用不断增多,平时也会发生一些意外事故,这类事故也有可能危害人民生命财产安全。因此,平时进行人防知识宣传教育,认真做好对可能出现事故的防护是有实际意义的。

二、核电站与核事故的防护

(一)核电站

核电站是利用核反应产生的巨大能量来发电的发电站。

核电站的发电过程与火力发电厂相比,除使用的燃料不同外,其他基本相同。核电站使用的不是煤、石油、天然气等普通燃料,而是核燃料——铀(或钚)。在核电站内的反应堆中,铀发生核裂变,放出巨大热能,使锅炉中的水沸腾,产生大量高压蒸汽,推动蒸汽轮机和发电机发电。

核电站与火力发电厂相比,具有节省能源、减轻运输负担、安静和清洁环境、降低发电成本、兼生产各种同位素等多种优越性。

核电站具有安全性、可靠性。核电站与原子弹在铀的浓度、内部构造、核反应方式上是不同的,核电站不会像原子弹那样发生爆炸,产生杀伤破坏作用。为了防止核电站反应堆内的放射性物质外泄,一般对核反应堆内的放射性物质外加三道安全壳屏蔽。发生事故时,安全壳能可靠地把放射性物质包容在这个坚固的"大厦"内。

(二)对核事故的防护

1.隐蔽

有重大事故发生时,一般人员应立即停止户外活动,迅速进入室内或地下室。要关闭门窗、堵住通风孔,防止放射性物质进入室内。

2.交通管制

禁止人员、车辆进入危险区,防止放射性物质在更大范围内扩散。

3.服用碘片

在必要时,政府会向群众发放碘片,以消除和防止放射性物质对人体的损害。

4.临时疏散人口

这是放射性物质在本地区超过一定程度时所采取的极端措施,广大公众应在统一安排下,有组织、有秩序地撤离到安全区。

5.做好个人防护

外出时要戴上口罩、风镜、帽子、面纱巾,扎好领口、袖口和裤口,以免暴露部位和空隙处遭受污染。

6. 做好食品和饮用水的管理工作

在还未受到污染时，应及时把堆放在室外的粮食、蔬菜、水果等食品收藏到室内，水井应用塑料布等包扎井口后再加盖。对可能受到污染的食品和饮用水，不能随便食用，须经卫生检测部门检测，并经清洗、存放及其他方法处理合格后，才能食用。

三、脏弹

脏弹也叫"肮脏炸弹""贫铀炸弹"，又称放射性散布装置。脏弹通常由传统的炸弹材料和钚、铀等放射性物质安装在常规炸弹核心部分制成，也可将常规炸弹外壳用放射性材料制造。与核弹核心相比，脏弹制造起来十分廉价，形状也各异，有的甚至只有闹钟那么大。

脏弹对人员的杀伤方式主要有两种：一种是最初的爆炸伤害，同普通爆炸伤害基本相同，而最主要也最危险的伤害方式是放射性伤害。放射性是指放射性元素不断地自发地放出 α、β、γ 射线，这些射线都是从原子核中放射出来的，都具有很大的能量。当射线穿入人体时，会引起机体组织原子电离，导致细胞变异或死亡，从而引起身体生理功能改变或失调。人员和物质所吸收射线的多少用"戈瑞"来表示。当人员在较短时间（如一周）内吸收的剂量在 1 戈瑞以上时，就可引起放射病，产生恶心、呕吐、极度疲劳、高烧和出血（包括咯血、吐血、便血和尿血）等症状，严重的可能瞬间毙命。对于遭受辐射计量相对较少的人员，虽然不会引起放射病，但延迟效果在生命后期也可能变得很明显，如各种癌变的风险提高、生育能力降低、患不育症、白血病及寿命缩短等。由于放射病症状出现以前辐射本身不会引起痛苦的感觉，也没有其他方面的表现，因此放射性伤害具有隐蔽性。此外，放射性原子的放射过程要持续一定时间，例如铀-238 的半衰期是 4.5×10^9 年，用于粮食防腐的铯-137 如果渗入土壤，能在自然环境中残存几个世纪，甚至能够进入食物链中，这使得放射性物质对人员健康造成的影响很难在短时间内消除。

针对脏弹危害的特点及其在可能的恐怖袭击中所具有的突然性和不可预测性，人们必须加强防护意识。具体防护方法是：预先备足食物、水、衣物，并准备一个急救箱、一个手电筒和收音机，还应当准备一些备用电池。要及时收听新闻和人防消息，掌握有关信息。

袭击时，待在家里或迅速躲在屋里，最好是地下，等到可以安全离开时再出去。如果处在爆炸杀伤范围之内，请远离爆炸区域，如果可能最好待在上风方向，因为放射性颗粒会顺风而下。如果觉得自己受到了污染，而又没有条件去医院就医，那就尽快脱掉衣服。不要把衣服带进屋里，因为那样可能传播污染。尽快到淋浴间，用粗制普通肥皂彻底清洗全身。某些种类的放射性物质无法穿透坚固的墙壁，因此如果没有条件撤离的话，待在家里可以提供一定的保护。不吃污染食物、不咬污染的手指甲非常重要，以免间接吃进放射性物质。某些种类的放射线可通过大量饮用水从身体内冲刷掉。

袭击后，不要前往污染严重的地区，最好选择未受污染的路线撤离污染区。否则的话，就待在屋里。

第二节　生物武器的防护与卫生防疫

生物武器是以生物战剂杀伤有生力量和毁坏植物的各种武器、器材的总称,包括装有生物战剂的炮弹、航弹、火箭弹和航空布洒器、喷雾器等。生物战剂是用以杀伤人、畜和破坏农作物的致命微生物、毒素和其他生物性物质的总称。

一、生物武器的特点

1. 污染面积大

生物战剂致命性强,气溶胶可随风飘散,在气象、地理条件适宜时,可造成大面积污染区。考虑到带菌人员的活动方式和疾病的传染性,在污染区外,还会有疫区存在。

2. 具有传染性

许多生物战剂(如鼠疫杆菌、霍乱杆菌等)能从病人体内不断排出,使周围健康人感染,在人群中蔓延造成传染病流行。

3. 生物专一性

生物武器只能伤害人、畜和农作物等生物,而不破坏武器装备、建筑物等物体,适用于攻击不拟破坏的目标区。

4. 没有立即杀伤作用

生物战剂进入机体后,必须经过若干个小时或数天以后方能发病。它不能使被攻击者立即停止战斗行动。一般不宜作为战斗武器使用。

5. 受自然条件影响较大

生物战剂是活的微生物或具有生物活性的大分子物质,温度、湿度、日光等因素都影响其活性,使其保存时间短。生物战剂气溶胶的危害时间和污染范围受气象因素的影响很大,施放后效果不易预测和控制。

6. 不易被发现

生物战剂气溶胶无色无味,加之敌人多在黄昏、夜间、拂晓、多雾时秘密施放,所投昆虫、动物容易和当地原有昆虫、动物混淆,不易被人们所发现。

二、生物战剂的分类

1. 按对人员伤害程度分类

可分为失能性生物战剂,如布氏杆菌等,它能使人员丧失战斗力;致死性生物战剂,如黄热病毒、鼠疫杆菌等,能使人员患严重疾病,死亡率高于10%。

2. 按所致疾病有无传染性分类

可分为传染性生物战剂,如鼠疫、天花等病菌,一旦流行,能持续一定时间;非传染性生物战剂,如肉毒毒素等,只感染接触者。

3. 按生物战剂的结构形态分类

通常分为细菌、立克次氏体、衣原体、病毒、真菌和毒素六大类。相对来说,真菌、毒素属非传染性生物战剂。细菌、病毒性生物战剂的品种相对多些。

三、生物战剂的施放方法

生物战剂可装在多种兵器和器材中使用,基本施放方法有下述几种。

1. 施放生物战剂气溶胶

生物战剂分散成微小的粒子悬浮在空中,这种微粒和空气中的混合体叫作气溶胶。它能随风飘移,污染空气、地面、食物,并能渗入无防护设施的工事,人吸入即能致病。施放生物战剂气溶胶是最基本的使用方式。它可从空中直接播撒,也可把播撒器投至地面喷放,还可以从海上向陆地喷放。

2. 投入带菌动物和其他媒介物

昆虫、动物和杂物被生物战剂感染和污染后,用多种方式投放到被袭击地域,它们便可将病原体传给人们,使其致病。例如,鼠疫就很容易由疫鼠再传给人类。也可用生物战剂污染水源、食物、通风管道等,间接使人感染致病。

四、生物战剂侵入人体的途径

1. 吸入

生物战剂污染的空气可以通过呼吸道进入人体,使人感染致病,如鼠疫、天花等。

2. 误食

食用被生物战剂污染的水、食物而得病,如霍乱、痢疾等。

3. 接触带菌物品

生物战剂如炭疽杆菌等,或带菌物品上的病菌可直接或间接经皮肤、黏膜、伤口进入人体。

4. 带菌昆虫叮咬

被带有生物战剂的昆虫叮咬而致病。

五、对生物武器的防护

1. 发现

(1)施放迹象。飞机低空飞行时尾部有云雾或撒下其他杂物;炸弹爆炸时,弹坑周围有粉末或水珠残迹;昆虫、小动物出现的数量与季节、场所反常;受染地域的人畜没有立即致伤效应等。

(2)发病情况。在短时间内发现大批症状相同的病人、病畜;发生当地少见的疾病或出现发病季节反常等现象。

2. 防护

(1)对生物战剂气溶胶的防护。对生物战剂气溶胶的防护与对化学武器的防护基本相同,凡能防护化学武器的措施均能有效地防护生物战剂气溶胶。

(2)对带菌昆虫的防护。带菌昆虫是通过叮咬和取食来传播疾病的,因此要防止昆虫叮咬,保护食物水源不受污染。个人防护时,应戴防虫帽,穿防护衣,扎紧"三口"(领口、袖口、裤口),穿高筒布袜等防昆虫叮咬。暴露皮肤可涂防蚊油等驱避剂。

(3)预防接种。对遭到生物战剂袭击区的人员,根据生物战剂的类型,有针对性地做免疫接种。

六、生物战剂污染区的防护

1. 识别污染区的标志，做好个人防护

应根据生物战剂污染区的标志进行个人防护，并遵守污染区的行动规则，按所要求的路线，规定的队形、间距，迅速通过污染区，要做到行动快，动作轻，尽量减少停留时间。

2. 隔离

发现病人，应先隔离，再由医务人员妥善处理，对可疑感染者，应限制行动，服预防药或打预防针，要尽量做到"三早"（早发现、早隔离、早治疗）。

3. 消毒

对污染区的人员、房屋、器具和环境进行消毒。

4. 杀虫、灭鼠

苍蝇、蚊子等昆虫和老鼠是传染多种疾病的重要媒介，应予消灭。昆虫可用打、捕、烧、熏或喷洒杀虫剂，如敌敌畏、除虫菊脂等方法灭杀；灭鼠的方法有器械捕杀、挖鼠洞灭杀、猫捕和采用灭鼠药毒杀等。妥善处理好带病菌的昆虫、老鼠及其他小动物的尸体。有的病菌生存能力很强，可存活 10 ~ 20 年，所以在掩埋带菌动物尸体时，仍要坚持带菌消毒和深埋。

七、在流行病区的防护与卫生防疫

1. 控制传染源

不少传染病在发病以前已经具有传染性，发病初期出现传染病症状时，传染性最强。因此对传染病病人，要尽可能防止传染源扩散。对生物污染区消毒，对患传染病的动物要及时妥善处理。

2. 切断传染途径

尽量不与隔离人员和物品接触，注意包扎伤口，养成皮肤消毒习惯，不吃不洁净食品，防止吸入受染空气。

3. 保护易感染人群

在传染病流行期间，要注意保护老人、儿童、体弱易病者，不要让易感染者与污染源接触；对易感染者进行预防接种，提高他们的免疫力。

4. 开展爱国卫生运动，消灭病菌的生存条件

要勤洗澡、勤换衣、勤理发，经常晾晒被褥、不吃生冷食品，保持室内清洁，加强室内通风；疏通阴沟，填平死水坑，保持厕所清洁，清除杂草和垃圾；消灭苍蝇、蚊子、老鼠、臭虫等传播疾病的动物及患病的动物。

第三节 化学武器、化学事故及其防护

一、化学武器及其特点

（一）化学武器的概念

在战争中，以毒害作用杀伤人畜的化学物质叫作毒剂。装有毒剂并能将其形成战斗状态的武器和器材叫作化学武器，包括装有毒剂的炮弹、航弹、导弹、地雷、播撒器等。

（二）化学武器的特点

1.杀伤途径多

毒剂可以采取气、烟、雾、液态使用，染毒空气可经眼睛接触、呼吸道吸入、皮肤渗透等途径使人、畜中毒，染毒的食物和水可以经消化道吸收，使人中毒。

2.杀伤范围广

染毒空气无孔不入，所经之处都有杀伤效果。

3.作用时间长

液体毒剂污染地面和物品，毒害作用可持续几小时至几天，有的甚至达数周。前者属暂时性毒剂，后者属持久性毒剂。

4.制约因素多

化学武器虽然是大规模杀伤性武器，但它受天气、地形、地物的影响非常大。如刮风、下雪、气温和地上建筑的情况等，对毒剂的杀伤效果都有影响。

二、毒剂的种类和性能

（一）神经性毒剂

神经性毒剂是破坏人体神经的一种毒剂。主要有沙林、维埃克斯，有烂苹果味、臭味，其中毒症状有瞳孔缩小、流口水、出汗、胸闷、呼吸困难、头痛昏迷、肌肉跳动、全身抽筋等。

（二）糜烂性毒剂

糜烂性毒剂是一种使细胞坏死而引起溃烂的毒剂。主要有芥子气，可闻到大蒜味。其中毒症状有皮肤红肿、大小水泡、溃烂等。

（三）全身中毒性毒剂

全身中毒性毒剂是破坏人体细胞氧化功能的毒剂。主要有氢氰酸，可闻到苦杏仁味。其中毒症状有口舌麻木、头痛、呼吸困难、抽风、瞳孔散大等。

（四）窒息性毒剂

窒息性毒剂是刺激呼吸道、引起肺水肿、导致呼吸功能损伤的毒剂。主要有光气，可闻到烂苹果味。其中毒症状有头痛、水肿、休克等。

（五）刺激性毒剂

刺激性毒剂是对眼睛、呼吸道有强烈刺激的毒剂。主要有西埃斯、亚当氏气。中毒症状有流泪、打喷嚏、流涕、咳嗽、恶心、皮肤有烧灼感等。

（六）失能性毒剂

失能性毒剂是一种能使人暂时失去正常精神、躯体功能，从而失去战斗力的毒剂。主要有毕兹，无特殊气味。其中毒症状有瞳孔散大、嗜睡、行动不稳、幻觉、精神失常等。

三、化学事故成因及其特点

化学事故是指有害化学物品，在生产、储存、经营、运输和使用过程中，由于人为或自然的原因，引起泄露、污染、爆炸，造成人民生命财产危害和损失的事故。化学事故根据危害程度分为两大类：一类为一般性中毒事故，它的事故范围小，能够迅速得到控制；另一类为灾害性化学事故，是指造成众多人员急性中毒、死亡，有较大社会危害性。

（一）化学事故的成因

1. 自然因素

因强烈地震、海啸、火山爆发、龙卷风、雷击、台风、潮汛、洪水、泥石流等自然因素，造成化学工业企业设施破坏，引起燃烧或爆炸，使有毒有害化学物质外泄，造成化学事故。

2. 战争因素

国家或军事集团之间发生战争，使该地区化工企业遭受极大破坏，使大量有毒有害的化工原料和产品外泄，发生燃烧、爆炸，造成化学事故。

3. 技术性因素和人为因素

因工艺设计不合理、生产设备陈旧落后、生产管理混乱、违章操作或人为破坏等因素，导致火灾、房屋倒塌、爆炸、车辆相撞、翻车、沉船等，使有毒有害化学物质外泄，造成化学事故。

4. 意外因素

因突然停电、停水等意外因素，引起有毒有害化学物质外泄，造成化学事故。

（二）化学事故的特点

1. 突然性强，难以预防

化学事故往往在意想不到的时间、地点突然发生，在短时间内可以发生大量有毒有害物质外泄，引起燃烧。爆炸和中毒，人们在思想上、组织上和技术上准备不足，一旦突然发生化学事故，就难以预防。

2. 扩散快，受害面广

化学事故一旦发生，有害气体可随风向外泄，往往使地面、水源、植物、物体、食品等沾染毒物，引起人员中毒，植物枯萎甚至死亡。

3. 对人员伤害的途径多，形式特殊

化学事故的伤害作用比较复杂，具有多种中毒途径、多种伤害作用。如受污染空气可经呼吸道吸入、皮肤吸收中毒；毒物液体可经皮肤渗透中毒；染毒食物或染毒水被误食误饮，可经消化道吸收中毒。

4.持续时间长、消除困难

由于城市建筑物高大并密集,使化学事故的有毒气体不易扩散,持续时间长;另外,化学事故往往有多种毒物同时泄漏,伴有多种伤害,如烧伤、炸伤等,再加上受害人员多,使洗消难度高,自救互救、抢救工作难度大。

(一)发现

在受到敌人化学武器袭击时,会有一些征候,可用听、看、闻、侦的方法判断。

1.听

听化学武器袭击的警报信号(人防部门规定的信号)和毒剂弹爆炸时的声音,它的声音低沉发闷。

2.看

看异常情况。如突然有大量气雾、烟尘源源涌出,人员或动物出现中毒症状,植物大面积枯萎变色和发现油状物等。

3.闻

多数人闻到异味或眼睛、呼吸道感到有刺激。

4.侦

使用侦毒器、报警器、侦毒纸、侦毒包、侦毒片等专用器材查明毒剂种类、浓度等。

(二)防护

1.要综合了解、判断情况

要了解自己学习、工作或居住地点周围的地形、地貌及工厂、单位附近可能发生潜在化学事故的毒物种类。遭受化学袭击后,可根据人防通报和地面征候判断有毒类型;化学事故发生后,应根据发生化学事故的场所和人防通告进行判断,以便有针对性地进行防护。

2.迅速进入工事隐蔽或撤离有毒区域

遭遇化学武器袭击或化学事故的人员,应迅速进入人防工事或撤离有毒区域。撤离时,要沿逆风方向撤离,避开低洼、丛林、居民区,撤至上风空旷区域。

3.及时对人员呼吸道进入防护

主要防护毒剂蒸气、毒烟、毒雾通过呼吸道吸入体内引起中毒。有防毒面具,可以及时佩戴防毒面具;没有防毒面具,可以用毛巾、手帕、纱布等浸过水(或碱水)后保护面部。包裹好腿脚(可以利用帆布、油布等材料)、戴好防毒手套尽快离开染毒区。

(三)消毒

1.对人员消毒

当毒剂溅落到人员身体上时,应立即脱去染毒服装,对皮肤消毒。消毒可概括为吸、消、洗三个环节。

(1)吸。用棉花和干净土块吸取皮肤上的毒剂液滴(应由外向里进行擦拭消毒,可避免扩大染毒面积)。

(2)消。用棉球蘸上专门的消毒药液擦拭消毒。

(3)洗。没有专门的消毒液时,也可用小苏打水、肥皂水或大量清水冲洗。

消毒越及时,效果越好。对鼻眼的消毒可用大量清水或质量分数为 20% 的小苏打水溶液冲洗 15 分钟左右。

2. 对染毒服装的消毒

在远离居住区的下风方向,对棉织品可用质量分数为 2% 的苏打水煮沸 30~60 分钟即可消毒。其他服装可用热蒸汽消毒。对暂不用的衣物制品,也可以在下风方向晾晒,进行自然消毒。

四、对化学武器、化学事故的防护

3. 对染毒食品消毒

对有包装的罐头类食品,只要对表面消毒后,就可以食用。瓜果可以冲洗、去皮消毒。对没有包装的食品,一般应销毁。

4. 对染毒水的消毒

一般采取煮沸法和过滤法。煮沸前,先用明矾沉淀后,在露天或通风处煮沸;过滤时,根据水中毒剂含量加入调制好的漂白粉浆和混凝剂,然后搅拌、静置,使其沉淀后再过滤。消毒后的水经检验无毒后方可饮用。

参考文献

[1]肖和平,于萍.地震与防震减灾知识200问答[M].北京:地震出版社,2011.

[2]姚春杰.拓展常识[M].上海:华东师范大学出版社,2009.

[3]崔效敬.现代消防管理[M].北京:中国文联出版社,2005.

[4]程勇,程石.新编美国军事术语词典[M].北京:国防工业出版社,2008.